Georg.* Daxer

Über die Anlage und den Inhalt der Transscendentalen Aesthetik

in Kants Kritik der Reinen Vernunft

Georg.* Daxer

Über die Anlage und den Inhalt der Transscendentalen Aesthetik
in Kants Kritik der Reinen Vernunft

ISBN/EAN: 9783743488199

Hergestellt in Europa, USA, Kanada, Australien, Japan

Cover: Foto ©Thomas Meinert / pixelio.de

Georg.* Daxer

Über die Anlage und den Inhalt der Transscendentalen Aesthetik

ÜBER
DIE ANLAGE UND DEN INHALT
DER
TRANSSCENDENTALEN AESTHETIK
IN
KANTS KRITIK DER REINEN VERNUNFT.

INAUGURAL-DISSERTATION
ZUR
ERLANGUNG DER DOKTORWÜRDE
DER
HOHEN PHILOSOPHISCHEN FAKULTÄT
DER
FRIEDRICH-ALEXANDERS-UNIVERSITÄT ERLANGEN

VORGELEGT

VON

GEORG DAXER,
CAND. THEOL. AUS PANCSOVA (UNGARN).

Tag der mündlichen Prüfung: 21. Juli 1896.

HALLE a. S.
DRUCK VON EHRHARDT KARRAS.
1897.

DEM ANDENKEN MEINER LIEBEN MUTTER.

Einleitung.

Die formale Seite der Philosophie Kants ist kein so allgemeiner Gegenstand allseitiger Untersuchung und Darstellung geworden, wie ihr Inhalt. Unseres Wissens wurde sie, wenn sie berücksichtigt wurde, bloss nebenher und dann auch meistens nur an den unmittelbar dazu herausfordernden Stellen gewürdigt. In seinem umfassenden, allseitigen und umsichtigen „Commentar zu Kants Kritik der reinen Vernunft" hat Vaihinger [1]) auch dieser Seite des Hauptwerkes Kants seine Aufmerksamkeit zugewandt. Seine diesbezüglichen Bemerkungen waren es hauptsächlich, die auch zu den folgenden Ausführungen die Anregung gaben. Nach und neben ihm ist es besonders auch Adickes, der in seinem Erstlingswerk [2]) zuerst den Nachweis versuchte, dass gerade die formale Seite an den Werken Kants aus seiner kritischen Periode, also seine Systematik, von bedeutendem Einfluss auf den Inhalt derselben gewesen ist.[3]) Dies wird nachgewiesen an der Entstehung der Kategorientafel und an dem Einfluss, den dann diese entdeckten Kategorieen in Verbindung mit anderen systematischen

---

[1]) Commentar zu Kants Kritik der reinen Vernunft. Zum hundertjährigen Jubiläum derselben herausg. v. Dr. H. Vaihinger, Sttg. I. Bd. 1881, II. Bd. 1892.

[2]) Kants Systematik als systembildender Faktor von Dr. E. Adickes, Berlin 1887.

[3]) Vgl. übrigens auch schon O. Liebmann: „Zur Analysis der Wirklichkeit, Strassburg 1876, der S. 10 von der Kritik der reinen Vernunft Kants sagt, dass „sie unter der architektonischen Zwingherrschaft des Kategorieenregisters steht". Ebenso A. Riehl: „Der philos. Kritizismus und seine Bedeutung für die positive Wissenschaft", Lpz. I. Bd. 1876, der ebenfalls S. 16 Kants „zu weitgehende Vorliebe für äusserliche Symmetrie" hervorhebt, die „sein Denken öfters in künstliche Bahnen ablenken musste" und ihn manchmal dazu verleitete „die gelungene Einordnung einer Lehre in die bereitstehende Schematik seines Systems . . . . für die Bestätigung ihrer Giltigkeit zu nehmen."

Gesichtspunkten auf die Einteilung und Gliederung, ja auch auf den Inhalt der Kritik der reinen Vernunft selbst, wie auch der anderen Hauptwerke Kants aus seiner kritischen Periode ausgeübt haben. Es bestätigt sich durch diese Untersuchungen, dass Kant „einteilt und klassifiziert, wo sich nur Gelegenheit bietet; ja auch da, wo sie sich nicht ohne weiteres bietet." Und es dürfte auf keinen Widerspruch stossen, wenn Adickes sagt: Kant „war eine durch und durch systematisch angelegte Natur und seine Liebe zur Symmetrie und Architektonik kennt keine Grenzen."

Ausserdem bezeichnet Adickes Kants Systematik als „eine durch und durch rationalistische" (S. 2. u. 7.) und sieht darin mit einen Grund für seine Ansicht, die er mit Paulsen [1]) teilt, dass der Hauptzweck der Kritik der reinen Vernunft der Rationalismus sei. Dass aber das wissenschaftliche System auch im Gegenstand der Wissenschaft, den wir doch immer wieder und immer mehr als einheitlichen bestätigt finden, begründet sein kann, wird von Adickes nicht bestritten, da in diesem Sinne auch der Empirismus die Systematik nicht ausschliesst. Ausserdem wird auch noch geltend gemacht werden müssen, dass die Systematik auch noch in dem unbedingt berechtigten Mass des rationalistischen Erkenntnisprinzips begründet ist. Dass Kant durch sein Ideal der Wissenschaft, die nur Erkenntnisse apriori zu ihrem Inhalt haben soll, sich verleiten lässt, dieses berechtigte Mass des Rationalismus sowie auch des Systematisierens zu überschreiten, wird zugegeben werden müssen. Dagegen dürfte es wohl kaum zulässig sein, daraus schon einen einseitig rationalistischen Charakter der Kritik der reinen Vernunft abzuleiten; besonders, wenn man bedenkt, wie sehr Kant dabei die Erfahrung und besonders noch die Notwendigkeit und Unentbehrlichkeit der Erkenntnisse apriori für die Möglichkeit der Erfahrung betont und dieselben nur für das Gebiet der Erfahrung fordert. Es wird denn auch an der Behauptung nur so viel als richtig anzuerkennen sein, dass Kants Systematik allerdings auch dafür wird herangezogen werden dürfen, dass sein Kritizismus auch den Rationalismus als Bestandteil in sich aufgenommen hat. Damit ist schon angedeutet, dass auch der Inhalt der Philosophie Kants trotz der vielfachen Untersuchung desselben noch in vielen Punkten streitig ist.

---

[1]) In seinem: Versuch einer Entwicklungsgeschichte der Kant'schen Erkenntnistheorie, Lpz. 1875.

Nun hat Adickes in der Kritik der reinen Vernunft bloss die Analytik, die Dialektik und die Methodenlehre in Betracht gezogen, während er die systematische Anlage der Einleitung[1]) zur Kritik der reinen Vernunft und der transscendentalen Aesthetik nicht berücksichtigt hat. Mit der letzteren wollen nun wir uns beschäftigen und auf den folgenden Seiten die Anlage der transscendentalen Aesthetik untersuchen und dabei auch zu den verschiedenen Auffassungen ihres Inhalts Stellung zu nehmen versuchen. Was Adickes nachgewiesen hat, dass die Systematik Kants auf die Entwicklung seiner Gedanken Einfluss hatte, das wollen wir als richtig annehmen und es versuchen, auf dem beschränkten Gebiet der transscendentalen Aesthetik die systematische Anlage derselben darzustellen und dieselbe zur Hebung und Darstellung des Inhalts zu benutzen. Dabei wird sich uns also die Anlage auch als Mittel zur Darstellung des Inhalts, wie auch umgekehrt die Darstellung des Inhalts als Leitfaden bei der Auffindung der Anlage darbieten und verwerten lassen. Beide Aufgaben unsrer Untersuchung sind enge mit einander verflochten und stützen sich gegenseitig.

Bei der Darstellung der Anlage kommt es uns wesentlich darauf an, das Ideal und seine Verwirklichung in der Anlage der transscendentalen Aesthetik herauszufinden und beide mit einander zu vergleichen. Dass wir das Ideal der Anlage nicht selbst konstruieren und Kant unterschieben wollen, sondern aus der transscendentalen Aesthetik selbst zu erheben und, wie es Kant selbst vorgeschwebt haben mag, darzustellen bestrebt sein werden, soll noch besonders hervorgehoben werden. In der Untersuchung des Inhalts richtet sich das Ziel der Untersuchung darauf hin, zu den verschiedenen Ansichten über den wesentlichen Charakter des Kant'schen Kritizismus, wie er in der transscendentalen Aesthetik vor uns liegt, Stellung zu nehmen. Es wird somit die Untersuchung im ganzen einen kritischen und zugleich einen historischen Charakter annehmen. Und zwar historischen Charakter in dem Sinne, dass diese Untersuchung einen für uns schon der geschichtlichen Vergangenheit angehörenden Thatbestand feststellen will. Also nicht die geschichtliche Entwicklung des Kantischen Kritizismus, sondern sein eigentlicher

---

[1]) Ueber „die feine und durchdachte Gliederung der Einleitung, welche für Kants ‚architektonische' Anlage ein glänzendes Beispiel abgibt" vgl. Vaihingers Commentar I. Bd. S. 160—163.

Sinn, nicht sein geschichtliches Werden, sondern sein Gewordensein ist das Ziel der Darstellung in diesem Teil der Untersuchung.

Was endlich die Gliederung des Stoffes in unserer Darstellung betrifft, so ist hier noch zu bemerken, dass sich dieselbe an die Anlage der transscendentalen Aesthetik selber anlehnt und dass die Motivierung der Gliederung nicht hier in der Einleitung, sondern — so weit es notwendig ist — von Fall zu Fall in der Untersuchung selbst geschehen soll.

I. Die Einleitung der transscendentalen Aesthetik.

Der erste Paragraph (1. §)[1]) giebt eine Einleitung zur trans-
scendentalen Aesthetik. In derselben steigt die Untersuchung Kants
stufenweise von dem Gegensatz zwischen Subjekt und Objekt, dem
Ausgangspunkt seines Philosophierens in der Kritik der reinen
Vernunft, empor bis zur Bezeichnung des Gegenstandes und der
Aufgabe des transscendentalen Aesthetik.

Den Anfang macht eine Gegenüberstellung der „Erkenntnis"
des Subjekts und der „Gegenstände", auf die sich die Erkenntnis
bezieht. Die unmittelbare Art des Beziehens der Erkenntnisse auf
den Gegenstand wird „Anschauung" genannt. Dieselbe kommt zustande, indem der Gegenstand unser „Gemüt", die Seele, irgendwie
„affiziert". Dieser Vorgang setzt in der Seele eine Fähigkeit (der
Rezeptivität) voraus, welche Kant die „Sinnlichkeit" nennt. Also
die Gegenstände einerseits, die rezeptive Sinnlichkeit der Seele
andrerseits sind die Faktoren, durch deren Zusammenwirken uns
die Gegenstände „gegeben werden" und wir Anschauungen erhalten.
Sinnlichkeit und Anschauungen bilden das Fundament des Erkennens
in dem Sinne, dass auch die andre Stufe des Erkennens, der Verstand mit seinen Begriffen, auf der Sinnlichkeit mit ihren Anschauungen beruht und von hier seinen Stoff nimmt. Somit ist die Anschauung die erste Stufe in der Hinleitung des Vortrags zum Ziel
der Einleitung zur transscendentalen Aesthetik, zur Bezeichnung des
Gegenstandes. Und zwar beschäftigt sich diese erste Etappe mit
dem subjektiven Faktor des Erkennens, mit der Sinnlichkeit und
ihrer Anschauung.

---

[1]) Kant hat in der 2. Auflage eine Paragrapheneinteilung, aber auch nicht
durchgängig (bloss bis zur Analytik der Grundsätze excl. [27. §]), eingeführt, die
nach Adickes „Kants Krit. der r. Vern. Mit Einleitung und Anmerkungen her-
ausgegeben. Berl. 1889." S. 75. Anm. „mit äusserster Nachlässigkeit behandelt"
wird und „mehr zur Verwirrung, als zur Uebersicht dient".

Der zweite Absatz leitet die Darstellung auf den objektiven Faktor, auf den Gegenstand über. Dadurch, dass der Gegenstand auf die Seele, speziell auf deren Fähigkeit des Affiziertwerdens, auf die Sinnlichkeit, welche hier „Vorstellungsfähigkeit" heisst, wirkt, dieselbe affiziert, entsteht in der Seele die „Empfindung". Die Empfindung ist sozusagen die Vermittlung zwischen dem Gegenstand und derjenigen Art der Anschauung, die Kant die „empirische Anschauung" nennt. Denn sie „bezieht sich durch die Empfindung auf den Gegenstand." Hiermit ist auch die Anschauung spezialisiert, da Kant innerhalb der Anschauung im allgemeinen eine speziellere, die empirische Anschauung, unterscheidet. Und damit ist schon die Zweiteilung der Anschauung angedeutet, die später noch zur Ausführung kommen soll. Aber bevor Kant noch diese Einteilung vollzieht und bevor er noch so zu demjenigen Teil der Anschauungsarten kommt, der das Ziel seiner Einleitung ist, berücksichtigt er noch früher die empirische Anschauung, also diejenige Anschauungsart, die zu dem eigentlichen Ziel im Gegensatz steht. Damit wird erreicht, dass er nicht sprungweise, sondern allmählich sich seinem Ziele nähert. Kant spezialisiert die Anschauung, aber er verschweigt noch die Ergänzung der Einteilung durch die reine Anschauung, um sie später in anderem Zusammenhang zu bringen.

Neben dieser Stetigkeit im Fortschreiten entspricht es nicht minder einer regelrechten Anlage, dass Kant bei der empirischen Anschauung, da sie doch hier nur als Zwischenstufe in Betracht kommt, nicht länger verweilt, sondern sie eigentlich nur als Ueberleitung der Darstellung von der subjektiven Seite der Anschauung auf die objektive Seite des Gegenstandes benützt, bei dem er dann vorläufig stehen bleibt. Er wendet sich dem Gegenstand noch im letzten Satze des 2. Absatzes zu und nennt denselben, sofern er der empirischen Anschauung entspricht,[1]) „Erscheinung". Damit ist ähnlich der subjektiven Seite des Erkennens der Gegenstand spezialisiert, enger gefasst und seinem Ziel einen Schritt näher geführt.

Im dritten Absatz geht nun Kant einen Schritt weiter. In der Erscheinung, dieser der Empfindung im Subjekt entsprechenden objektiven Seite unterscheidet er „Materie" und „Form". Und während vorhin die Erscheinung schlechthin als der empirischen Anschauung und damit der Empfindung entsprechend gedacht wurde, wird jetzt

---

[1]) Kant nennt die Erscheinung den „unbestimmten Gegenstand" einer empirischen Anschauung. Vgl. dazu Vaihinger II. 30 ff. S.

dieses Verhältnis dahin limitiert, dass dies nur von der Materie der
Erscheinung, also nur von einem Teil derselben gelte. Diese cor-
respondiert der Empfindung, während die Form, also der Teil der
Erscheinung, welcher mit der Materie zusammen die Erscheinung
schlechthin ergiebt, daran nicht Teil hat, sondern das Mannigfaltige
der Erscheinung, also die Materie, den Empfindungsstoff, in gewisse
Verhältnisse der Ordnung zu bringen hat. Da also die Materie der
Erscheinung allein als der Empfindung entsprechend gedacht wird,
die Empfindung aber vorhin als die Vermittlung der empirischen
Anschauung dargestellt ist, so wird dieselbe auch allein empirischen
Charakter haben, d. h. a posteriori gegeben sein. Denn sie ist es,
die nach obiger Limitation in der Erscheinung dem Subjekt in der
empirischen Anschauung „gegeben" wird; sie allein macht den Gegenstand als die Vorstellungsfähigkeit affizierenden aus. Dem gegenüber
ist die Form der Erscheinung nicht aposteriori gegeben, weil sie
nichts der Empfindung entsprechendes, somit auf das Affiziertwerden
der Vorstellungsfähigkeit allein zurückzuführendes an sich hat;
denn als die Empfindung ordnende Form „kann sie selbst nicht wieder-
um Empfindung sein." Sie stammt somit auch nicht vom Objekt,
das uns affiziert, sondern wird vielmehr vom vorstellenden Subjekt
selbst zu der Materie der Erscheinung hinzugefügt, was Kant so
ausdrückt, dass die Form der Erscheinung „apriori im Gemüt bereit
liege". Damit wird schon hier in der Einleitung der Form der Erscheinung s. g. Apriorität zugeschrieben und dies auch zu beweisen
versucht. Aber der obige Ausdruck Kants, mit dem er der Form
der Erscheinung die Apriorität zuschreibt, sowie auch andre Stellen,[1]
worin er sich über die Apriorität ausspricht, lassen es als möglich
erscheinen, dass Kant die Vorstellungen, denen Apriorität zukommt,
für angeboren hält. Aber abgesehen davon, dass Kant[2] das Angeborensein irgend welcher Ideen ganz entschieden ablehnt, werden

---

[1] Solche Stellen sind z. B. noch folgende: „im Gemüte angetroffen werden"
„im Gemüte stattfinden", die in der Einleitung zur transscendentalen Aesthetik
vorkommen, während „dem Gemüte beiwohnen" im 3. Absatz der „transscendentalen Erörterung des Begriffes vom Raum" sich findet.

[2] So besonders in der Diss. 1770 an verschiedenen Stellen, die bei Vaihinger
II. S. 89 zitiert sind. Zu vergleichen ist auch im Anfang der Einleitung zur 2. Aufl.
der Kritik: „dass alle unsre Erkenntnis mit der Erfahrung anfange, daran
ist gar kein Zweifel ... der Zeit nach geht also keine Erkenntnis in uns vor
der Erfahrung vorher; und mit dieser fängt alle an. Wenn aber gleich alle
unsre Erkenntnis mit der Erfahrung anhebt, so entspringt sie darum doch
nicht eben alle aus der Erfahrung".

wir auch aus anderen Gründen vom Apriori soweit es möglich ist, das Angeborensein fern zu halten haben trotz aller irreleitender Ausdrücke. Kants Methode ist keine psychologische, sondern eine erkenntnistheoretische oder transscendentale.[1] Ihm kommt es nicht auf die psychologische Entstehung, sondern auf den erkenntnistheoretischen Wert der Vorstellungen an. Deshalb gehen auch seine Untersuchungen nicht vom entstehenden Bewusstsein des Kindes, sondern vom fertigen, entwickelten Bewusstsein der Wissenschaft aus. Aus diesem Grunde wird auch das Apriori nicht als psychologisches, sondern als erkenntnistheoretisches zu denken sein.[2] Als solches entscheidet es nichts über den psychologischen Ursprung der Vorstellung oder des Urteils, denen es zukommt. wenigstens nichts im Sinn des Angeboren- oder Nichtangeborenseins, sondern nur über deren erkenntnistheoretischen Wert. Dieser charakterisiert sich nach der Einleitung der „Kritik der reinen Vernunft" darin, dass das Apriori allgemein und notwendig ist und — da die Erfahrung Allgemeinheit und Notwendigkeit nicht liefern kann — auch nicht aus der Erfahrung stammen kann.

Nach dieser Abschweifung kehren wir wieder zu der Form der Erscheinung zurück. Weil diese apriorisch ist und der Empfindung nicht angehört, so kann sie auch abgesondert von der Materie der Erscheinung von der Empfindung betrachtet werden, was denn auch in der transscendentalen Aesthetik geschieht. Damit ist Kant, allerdings auf dem Wege einer Homonymie von „Empfindung" (einmal vermittelt sie die ganze Erscheinung schlechthin, das andere Mal nur die Materie, also einen Teil der Erscheinung) auf der einen Seite an seinem Ziele angelangt. Denn eben die Form der Erscheinung ist auf der objektiven Seite der Gegenstand der Untersuchung in der transscendentalen Aesthetik.

Nach dieser Einschaltung, in der Kant auf der zwar später eingeführten objektiven Seite doch das Ziel früher erreicht, setzt im folgenden (4.) Absatz die Untersuchung über die subjektive Seite wieder ein und ergänzt die schon oben angedeutete Einteilung der Anschauungsarten durch die Einführung der „reinen Anschauung".

_____

[1] In der unten (Ausgabe von Kehrbach S. 49/50) folgenden Anmerkung unterscheidet Kant zwischen „transscendentalem Sinn" und „psychologischer Bedeutung".

[2] Kant sagt in seinen von B. Erdmann herausgegebenen Reflexionen Bd. II. Lpz. 1884. Nr. 280: „Das Vorhergehende (= Apriori) geht entweder der Art nach voran: principia apriori, oder dem Ursprung nach d. i. historisch".

In den bisherigen Untersuchungen entspricht der Erscheinung auf der objektiven Seite die Anschauung auf der subjektiven. In der Erscheinung wurde die Materie und die Form unterschieden. Diese Trennung zieht eine ähnliche auch in der Anschauung nach sich. Dieselbe wurde noch vor der Trennung in der Erscheinung bereits oben angedeutet, wo die empirische Anschauung als eine Art von der allgemeinen Gattung der Anschauung unterschieden wurde. Die empirische Anschauung entspricht zweifellos der Materie der Erscheinung, so dass nur noch eine Anschauungsart, die der Form der Erscheinung entspricht, die „reine Anschauung" gefunden werden muss. Kant tritt zwar zu dem Behufe gleich in medias res ein, indem er gleich eine Definition einführt. Aber dieselbe bezieht sich nicht sofort auf die „reine Anschauung". Kant lässt vielmehr vorläufig den Namen der „Anschauung" fallen und greift auf den allgemeineren der „Vorstellung" zurück, indem er die „reine Vorstellung" definiert. Eine reine Vorstellung ist eine solche Vorstellung, in der „nichts, was zur Empfindung gehört, angetroffen wird", so dass die reine Vorstellung auf der subjektiven Seite in dieser Hinsicht mit der Form der Erscheinung auf der objektiven Seite völlig übereinkommt, nur ist es von etwas allgemeinerem gesagt. Es wäre also eine Anwendung der Definition von der allgemeineren „reinen Vorstellung" auf die speziellere „reine Anschauung" leicht möglich gewesen. Kant hätte einerseits nach dem, was er von der empirischen Anschauung oben gesagt hatte, und andererseits mit Hilfe dessen, was sich ihm hier als „rein" ergeben hat, ohne Umschweife den Begriff der „reinen Anschauung" erhalten können, um so bei seinem Ziele, dem Gegenstand der transscendentalen Aesthetik angelangt, denselben weiter betrachten zu können. Dafür wird Kant von dem Resultat der Untersuchung auf der objektiven Seite über die Form und die Materie der Erscheinung auf einen Umweg gedrängt, auf dem er dann erst zur „reinen Anschauung" gelangt. Auf der objektiven Seite heisst der entsprechende Teil der Erscheinung die Form der Erscheinung. Dementsprechend wird infolge der Wirkung, die das Resultat der objektiven Seite auf die subjektive ausübt, auch die entsprechende Anschauungsart „Form", aber nicht „der Anschauung" schlechthin, wie zu erwarten wäre, sondern „der sinnlichen (statt empirischen) Anschauung" oder vollständig proleptisch[1]) „reine Form der sinnlichen Anschauung" genannt.

---

[1]) Das Resultat, dass dieselbe apriorisch ist, wird vorweggenommen.

So kommt Kant von der „reinen Vorstellung" zuerst auf die „reine Form der sinnlichen Anschauung", die als Form für die sinnliche Anschauung ebenfalls nicht aus dem Affiziertwerden des Subjektes durch das Objekt allein stammen kann, sondern apriori im Gemüte angetroffen wird, wie die Form der Erscheinung. Mit dieser „reinen Form der sinnlichen Anschauung oder der Sinnlichkeit" wird nun schliesslich die „reine Anschauung" indentifiziert und so kommt Kant endlich durch die Vermittelung der reinen Form der sinnlichen Anschauung zu dieser zweiten Art der Anschauung, die, als Gegenstand der Untersuchung in der transscendentalen Aesthetik, das Ziel unsrer Einleitung auf der subjektiven Seite bildet.

Man sieht aus diesen Beobachtungen, dass zwischen der objektiven und der subjektiven Seite des Erkennens ein Parallelismus geschaffen wurde, der aber gerade da, wo er sichtlich zu Tage tritt, zu versagen scheint. Sonst müsste der „Form der Erscheinung" doch eine „Form der Anschauung" oder aber umgekehrt der „Form der sinnlichen Anschauung" eine „Form der Materie der Erscheinung" entsprechen. Doch in der That ist dies blosser Schein. Denn ebenso, wie die „Erscheinung" und die „Materie der Erscheinung" dadurch, dass beide durch die Empfindung vermittelt gedacht werden, vertauschbar sind, mit demselben Rechte werden auch in dem Ausdruck „Form der sinnlichen Anschauung" die entsprechenden „Anschauung" und „sinnliche (empirische) Anschauung" vertauscht. Doch ist dieser Parellelismus nicht nur hier festzuhalten, sondern auch noch weiter zu verfolgen. Er hat nicht bloss die Benennung der reinen Anschauung als Form der sinnlichen Anschauung, sondern auch eine gleiche Gestaltung des Verhältnisses einmal zwischen der Anschauung, der empirischen Anschauung und der Form der sinnlichen Anschauung und dann zwischen der Erscheinung, der Materie der Erscheinung und der Form der Erscheinung zur Folge. Sowie die Erscheinung schlechthin der Materie der Erscheinung gleichgesetzt wird und sodann die Form der Erscheinung nicht zu einer Form der Erscheinung, sondern zu einer Form an der oder für die Materie der Erscheinung wird, die sozusagen nur als ein Teil der letzteren erscheint, ebenso wird auch die „Anschauung" der „empirischen Anschauung" gleichgestellt und die reine Anschauung wird auch nicht als eine andere Art der Anschauung neben der empirischen Anschauung charakterisiert, wie man noch im 2. Absatz hätte erwarten können, sondern als eine Art von Anschauung, die an der und für die empirische Anschauung da ist, sozusagen einen

Teil derselben bildet. Diese Beobachtung wird sich an späteren Stellen noch bestätigen.

Mit der Einführung der reinen Anschauung hat Kant das Ziel seiner Untersuchung in der Einleitung, den Gegenstand der transscendentalen Aesthetik, auch auf der subjektiven Seite gewonnen. Nun kann er sich daran machen, die Aufgabe der transscendentalen Aesthetik diesem Gegenstande gemäss zu bezeichnen. Bevor er aber dies thut, erläutert er durch ein Beispiel, was er unter der reinen Anschauung versteht. Damit sie als Anschauung charakterisiert werde, unterscheidet er sie vom Begriff, als dem Produkt des Denkens; d. h. er scheidet aus der Vorstellung des Körpers das von dem Verstande Gedachte (die Begriffe wie Substanz, Kraft, Teilbarkeit u. s. w.) aus. Dann wird sie von der empirischen Anschauung getrennt, indem er aus der Vorstellung Alles, was zur Empfindung gehört (also die Undurchdringlichkeit, Härte, Farbe u. s. w.) ausscheidet. So bleibt nur noch Ausdehnung und Gestalt übrig, die zur reinen Anschauung gehören. An diesem Beispiel bestätigt sich ausserdem die obige Beobachtung über das Verhältnis zwischen der empirischen und der reinen Anschauung (in Parallele zu dem Verhältnis zwischen der Materie und der Form der Erscheinung.) Denn bei der Zerlegung der Vorstellung des Körpers, die aus begrifflichen Momenten und solchen der empirischen und reinen Anschauung besteht, in diese ihre Elemente werden nach Abzug des Begrifflichen die Momente der empirischen und reinen Anschauung nicht unter dem gemeinsamen Namen der „Anschauung" zusammengefasst und so als gleiche Grössen neben einander gestellt, sondern das übrig bleibende Material wird schlechthin als „empirische Anschauung" bezeichnet, aus der das zur Empfindung Gehörende weggelassen werden muss, damit Ausdehnung und Gestalt als zur reinen Anschauung gehörig übrig bleiben. Es ist also klar, dass auch hier die reine Anschauung als blosser Teil der empirischen Anschauung, nicht als gleichwertige species neben der species der empirischen Anschauung unter dem genus der Anschauung erscheint.[1])

Die reine Anschauung liegt nun — wie wiederholt wird — apriori im Gemüte, da sie auch ohne Gegenstände, die der Empfindung angehören, stattfindet. Hier war nun die reine Anschauung auch „blosse (wie schon oben „reine") Form der Sinnlichkeit" genannt, sodass „Sinnlichkeit" an die Stelle von „sinnliche Anschauung", also

---

[1]) Sonst müsste im Text stehen: „so bleibt mir aus der Anschauung noch etwas übrig . . ." und nicht: „aus dieser empirischen Anschauung . . ."

der Name der Fähigkeit, des Organs, an die Stelle des Namens des Produkts derselben tritt. So wird zugleich durch die Einführung der Sinnlichkeit für die sinnliche Anschauung der Uebergang auf die Erklärung des Namens der transscendentalen Aesthetik vorbereitet, der eben mit der Sinnlichkeit zusammenhängt.

Transscendentale Aesthetik heisst unser Teil der Vernunftkritik Kants im Gegensatz zur transscendentalen Logik deshalb, weil sie von den Prinzipien der Sinnlichkeit apriori handelt. Kant nennt diese Wissenschaft eine transscendentale Aesthetik im Unterschied von der psychologischen Bedeutung des Wortes, von der Aesthetik als Lehre vom Schönen, von der Geschmackslehre.[1])

Somit ist Kant bei der Bestimmung des Wesens seiner Wissenschaft angelangt. Nachdem er ihren Gegenstand, dessen Untersuchung als ihre Aufgabe zu gelten haben wird, schon früher gewonnen hatte, erübrigt ihm nur noch, die Methode des wissenschaftlichen Verfahrens bei der weiteren Untersuchung zu bezeichnen. Er will ganz so, wie er es z. B. auch in seinem obigen Beispiel angedeutet hat „die Sinnlichkeit isolieren", d. h. alles Begriffliche und alles Empirische aus der Vorstellung ausscheiden, so dass „nichts, als reine Anschauung und die blosse Form der Erscheinungen übrig bleibe".[2]) So kommt er zu den Prinzipien der Sinnlichkeit apriori, die zu untersuchen eben die Aufgabe seiner transscendentalen Aesthetik ist.

Zum Schluss wird das Resultat der isolierenden Untersuchung vorweggenommen. Schon hier wird bemerkt, dass Raum und Zeit es sind, die sich als die „Prinzipien der Erkenntnis apriori" — besser gesagt, der „sinnlichen Erkenntnis apriori" — also auch der Sinnlichkeit apriori zeigen werden, und so wird die transscendentale Aesthetik, als die Wissenschaft von den Prinzipien der Sinnlichkeit apriori, schliesslich zu einer Lehre von Raum und Zeit. So wird es denn zunächst die Aufgabe der transscendentalen Aesthetik sein, eine Lehre von Raum und Zeit zu entwickeln, die dann — wie wir sehen werden, — unter den allgemeinen Gesichtspunkt der Aufgabe der „Kritik der reinen Vernunft" gestellt, eine ganze Gesamtansicht über die sinnliche Erkenntnis anzubahnen hat, die der weitere Verlauf dann noch darzulegen haben wird.

---

[1]) So in der Anmerkung (Kehrb. S. 49 50) besonders 2. Auflage.

[2]) Hier bestätigt sich wieder unsre obige (S. 10 u. 11) Beobachtung. Auch nach dieser Stelle bleibt nach der Absonderung des Begrifflichen in der Vorstellung die empirische Anschauung übrig. Von dieser muss erst noch das Empirische getrennt werden, damit die reine Anschauung übrig bleibe.

Kant steigt — wie wir sehen — thatsächlich stufenweise zur Definition der transscendentalen Aesthetik und zur Bezeichnung ihrer Aufgabe, ihres Problems empor. Freilich müssen wir auch feststellen, dass dieser Fortgang nicht geradlinig ist und nicht ohne Unterbrechung fortschreitet. Von der subjektiven Seite wird ausgegangen. Dann wird die objektive herangezogen, um eine Spezifizierung der subjektiven einzuführen und deren Einteilung einzuleiten. Darnach tritt Kant gänzlich auf die objektive Seite der Erscheinung hinüber und fördert hier ein Resultat zu Tage, die Apriorität der Form der Erscheinung in Gegensatz zu Aposteriorität der Materie der Erscheinung, das erst in späterem Zusammenhang soll näher nachgewiesen werden. Dieses Resultat wirkt dann auch auf die subjektive Seite ein und zieht hier ein gleiches Resultat nach sich. Es schlingt sich also dem dualistischen Ausgang der Gegenüberstellung von Subjekt und Objekt entsprechend ein zweifacher Weg, gerichtet auf ein dementsprechendes doppeltes Ziel, ineinander. Aus diesem Uebergang des einen Weges in den anderen erklärt sich die Unterbrechung auf der subjektiven Seite. Indem noch auf der objektiven Seite, wie dann auch auf der subjektiven der Unterschied von apriori und aposteriori herbeigezogen und auf diese Weise ein Resultat herbeigeführt wird (dass die Form der Erscheinung und die reine Anschauung apriori ist), das eigentlich späteren Untersuchungen (der metaphysischen und transscendentalen Erörterung) vorgreift oder hier doch wenigstens eben so gut hätte wegbleiben können, so wird die Erreichung des eigentlichen (vorläufigen) Ziels, der reinen Anschauung, als Gegenstandes der transscendentalen Aesthetik, nur gehemmt und verschleppt. — Das gleiche Resultat auf beiden, der subjektiven und objektiven, Seiten, dass nämlich die reine Anschauung und die Form der Erscheinung apriorisch sind, stellt nun der Untersuchung eine gleiche Aufgabe, diese apriorischen Elemente der Sinnlichkeit zu untersuchen. Und so erscheint in dieser einen Aufgabe der transscendentalen Aesthetik, als Wissenschaft von den Prinzipien der Sinnlichkeit apriori, der zweifache Weg der Einleitung in einen einzigen übergegangen.

Doch wie auch immer — so erreicht Kant dennoch sein Ziel, das als Aufgabe einer Einleitung zur transscendentalen Aesthetik derselben ganz angemessen ausfällt. Die Einleitung leitet ganz gut und sicher — wenn gleich auch auf Um- und Abwegen, nach Unterbrechungen und Verzögerungen — auf die Untersuchungen des Gegenstandes über.

II. Die Lehre der transscendentalen Aesthetik über Raum und Zeit.

1. Einleitung.

Die ganze transscendentale Aesthetik Kants zerfällt in ihren übrigen Teilen 1. in zwei Abschnitte, deren erster den Raum, der zweite die Zeit erörtert, und 2. in eine Reihe allgemeiner Anmerkungen, welche die in der transscendentalen Aesthetik entwickelte Lehre zu verteidigen suchen. — Die zwei Abschnitte der transscendentalen Aesthetik über Raum und Zeit — die man als einheitliches Ganzes auch transscendentale Aesthetik im engeren Sinne nennen kann — zerfallen wieder in Unterabteilungen. Ebenso können die allgemeinen Anmerkungen weiter zerlegt werden. Diese Gliederung der transscendentalen Aesthetik haben wir im folgenden Schritt für Schritt zu verfolgen und damit die Herausstellung des Inhalts des Kant'schen Gedankengangs zu verbinden.

Noch vor dem Eintritt in die Einzeluntersuchung der zwei Abschnitte der transscendentalen Aesthetik will hier die Frage nach der Reihenfolge der beiden Abschnitte beantwortet sein. Die Prüfung der Werke Kants, die von demselben Gegenstande handeln, zeigt, dass er nicht immer gleich darüber dachte. So hat die Dissertation von 1770 die umgekehrte Reihenfolge.[1]) In der „Kritik der reinen Vernunft" dürfte der Grund der jetzigen Reihenfolge, wonach der Raum vor der Zeit erörtert wird, die grössere Anschaulichkeit des ersteren gewesen sein. Deshalb kann auch die Lehre vom Raum

---

[1]) Welche Gründe Kant bewogen haben, in der Dissertation von 1770 die Zeit vor dem Raum und in der „Kritik der reinen Vernunft" umgekehrt und der Gepflogenheit seiner Zeit gemäss den Raum vor der Zeit zu erörtern, diese Frage gehört in die Entwicklungsgeschichte der Philosophie Kants und kann hier — wo andre Ziele verfolgt werden — unerörtert bleiben. Wir wollen zu dieser Frage der Entwicklungsgeschichte auf Jos. Weiss, „Kants Lehre von Raum und Zeit", Diss. Bpest. 1872, verweisen.

leichter verständlich gemacht werden und durch ihre frühere Behandlung wird der schwierigeren Lehre von der Zeit, die eigentlich nur mit
Hilfe des Raums durch eine Linie veranschaulicht werden kann,[1])
vorgearbeitet. Wenn man diesen Vorteil der jetzigen Anordnung für
das bessere Verständnis der Lehre Kants und dann noch die Neu-
heit und die Originalität derselben, die um nicht missverstanden
zu werden, einen solchen Vorteil für das Verständnis nicht uner-
wogen preisgeben lässt, bedenkt, so wird man den Grund der Reihenfolge für triftig anerkennen müssen, wenngleich bei sachlicher
Anordnung der Zeit als der allgemeineren Form der Anschauung,
die unmittelbar Form der inneren und mittelbar auch Form der
äusseren Erscheinungen ist, der Vorrang zukommen müsste.

Wenn wir uns nun den zwei Abschnitten der transscendentalen
Aesthetik über Raum und Zeit zuwenden, so werden wir auf den
ersten Blick dessen gewahr, dass beide Abschnitte in ganz entsprechende Teile zerfallen. Bei näherem Zusehen ergiebt sich, dass
diese entsprechenden Teile ganz gleiche oder doch entsprechende
Gedanken einmal vom Raum, dann von der Zeit entwickeln. Es
sind also ganz offenbar die beiden Abschnitte einander symmetrisch
entsprechend gedacht. Da nun diese Symmetrie, wenn sie nachzuweisen ist, ein wesentliches Merkmal der Anlage sein muss, die
Untersuchung und Prüfung der Anlage aber eine der Hauptaufgaben
dieser Untersuchung ist, so werden wir der Symmetrie besondre Aufmerksamkeit schenken müssen. Wir wollen deshalb, und weil bei
getrennter Behandlung der beiden Abschnitte Wiederholungen un-
vermeidlich sind, auch dieselben nicht getrennt, sondern auf einmal
untersuchen. Man kann die zwei Abschnitte so besser mit einander
vergleichen und ihre Symmetrie prüfen. Es wird sich also auf diese
Weise sowohl die Anlage, als auch der Inhalt der Gedankenent-
wicklung Kants durch gegenseitige Unterstützung der zwei Abschnitte
herausstellen und darstellen lassen.

Wir wollen nun unserem Vorhaben gemäss den ersten Teil des
Abschnittes „von dem Raum" mit dem „von der Zeit", also die s. g.
metaphysischen Erörterungen der beiden „Begriffe"[2]) mit einander
vergleichen. Gleich am Anfang werden wir da einer Ungleichheit

---

[1]) Vgl. Kehrbach S. 60/1.

[2]) Nachher will Kant zwar beweisen, dass Raum und Zeit nicht Begriffe
sind; und doch gebraucht er die Ausdrücke „Begriff des Raumes" und „Begriff
der Zeit" und ähnliche sehr häufig. In diesen Fällen wird eben „Begriff" nicht
im logischen, sondern im psychologischen Sinn = Vorstellung gebraucht.

gewahr. Während nämlich die „metaphysische Erörterung des Begriffes der Zeit" (§. 4.) gleich mit der Erörterung selbst beginnt,
finden wir vor der metaphysischen Erörterung des Raumes selbst,
wenn auch schon unter § 2 am Anfang desselben, einen Absatz allgemeineren Inhalts, der seinem Inhalte nach nicht einen Teil, sondern
eher eine Einleitung zu den Erörterungen über Raum und Zeit
bildet.

In dieser Einleitung zu den metaphysischen Erörterungen von
Raum und Zeit wird nun zuerst kurz nachgeholt, was der Schluss
der Einleitung zur transscendentalen Aesthetik als Resultat vorweggenommen hatte. Es werden Raum und Zeit auf die beiden Grundformen der Sinnlichkeit zurückgeführt und auf diese Weise als Prinzipien der Sinnlichkeit apriori nachgewiesen. In seiner Anthropologie
unterscheidet Kant[1]) in der Sinnlichkeit[2]) zwei Stücke: den Sinn
und die Einbildungskraft.[3]) Da die Einbildungskraft bloss reproduktiv
ist, so kommt hier als Grundfaktor der Erkenntnis[4]) nur der Sinn
in Betracht, den Kant wieder in einen äusseren (sensus externus)
und einen innern Sinn (sensus internus) einteilt. Auf diese beiden
Grundformen der Sinnlichkeit gehen Raum und Zeit, als Formen
der Sinnlichkeit, zurück. Der äussere Sinn, „wo der menschliche
Körper durch körperliche Dinge"[5]) affiziert wird, lässt uns die Gegenstände als ausser uns im Raume erscheinen. Dem entsprechend ist
bei dem inneren Sinn, wo der menschliche Körper durch das Gefühl
affiziert wird,[5]) oder, wie es hier in der „Kritik" heisst, vermittelst
dessen das Gemüt (die Seele) sich selbst, seinen inneren Zustand
anschaut, diese Anschauung des inneren Zustandes nur in der Form
der Zeit möglich. Ebenso wie wir die Gegenstände ausser uns nur
in den Verhältnissen des Raumes vorstellen können, der Raum also
die Form des äusseren Sinnes ist; so können wir die inneren Bestimmungen nur in den Verhältnissen der Zeit uns vorstellen: die
Zeit ist also die Form des inneren Sinns.

---

[1]) Werke hg. v. Hartenstein. VII. Bd. 1868. § 13. S. 465.

[2]) Ueber deren Gegensatz zum Verstand s. ebenda § 7. S. 451 f.

[3]) Vgl. auch Kants Reflexionen I. Bd. 1. S. 79, Nr. 64: „Sinnlichkeit ist das
Vermögen der Anschauung entweder der Gegenstände in der Gegenwart: Sinne
oder auch ohne Gegenwart: Einbildungskraft. Diese ist reproduktiv . . ."

[4]) Vgl. Reflexionen II. Bd. Nr. 314: „Das erste Vermögen der menschlichen
Seele und die Bedingung zu den übrigen ist der Sinn, wodurch die Seele Vorstellungen empfängt als Wirkungen von der Gegenwart des Gegenstandes und
nicht selbst hervorbringt."

[5]) Anthropologie, ebenda.

Nachdem Raum und Zeit als Formen der Sinnlichkeit dargelegt und damit auch als Prinzipien der Sinnlichkeit a priori gerecht-
fertigt sind, geht Kant zur Aufgabe seiner transscendentalen Aesthetik,
zur „Erwägung" dieser Prinzipien über und stellt die Frage, was
denn Raum und Zeit seien? Es ist mit dieser Frage das Thema
der „Erörterungen über Raum und Zeit" überhaupt angegeben. Deshalb sehen wir in der Lösung dieser Frage eine Hauptaufgabe und
einen wesentlichen Teil des Inhalts der transscendentalen Aesthetik.
Kant stellt drei Möglichkeiten der Lösung auf: 1. Raum und Zeit
sind wirkliche, selbständige Wesen, Substanzen. 2. Raum und Zeit
sind Bestimmungen oder Verhältnisse der Dinge, die ihnen ohne
Rücksicht auf unsre Anschauung zukommen. Endlich 3. sind sie
bloss subjektive Beschaffenheiten unseres Gemüts, haften also nur
an der Form der Anschauung. Die Lösung dieser Fragen versucht
Kant in drei Etappen zu erreichen: 1. in der metaphysischen Erörterung, 2. in der transscendentalen Erörterung und endlich 3. in
den Schlüssen aus den Begriffen von Raum und Zeit.

Wie zu sehen ist, enthält der bis jetzt besprochene Teil der
s. g. „metaphysischen Erörterung des Begriffes des Raums" thatsächlich noch nichts, was dieser zugerechnet werden könnte. Vielmehr
legt schon der Umstand, dass der zweite Abschnitt einen entsprechenden Teil nicht aufweisen kann, die Vermutung nahe, dass wir
es hier mit einer Einleitung und zwar nicht nur zur metaphysischen
Erörterung des Raums, sondern auch der Zeit zu thun haben, was
dann durch den Inhalt vollständig bestätigt wird. Somit gehört der
Absatz keineswegs unter die metaphysische Erörterung des Raumes
und es wäre dem Inhalt und der Anlage entsprechender gewesen,
wenn dieser Absatz auch äusserlich nicht unter der metaphysischen
Erörterung, sondern seinen eigenen Platz erhalten hätte. Die Ueber-
schrift „§ 2. Metaphysische Erörterung dieses Begriffes" hätte dann
auch nach der Spezialisierung der allgemeinen Frage der transscendentalen Aesthetik oder vielleicht noch besser erst vor den Absatz 1. — wie im zweiten Abschnitt über die Zeit — gesetzt werden
können, da die letzten zwei Sätze als Uebergang zur transscendentalen Erörterung ganz wohl noch in der Einleitung ihren Platz ein-
nehmen könnten.

2. Die metaphysische Erörterung der Begriffe des Raumes und der Zeit.

Nach obiger Einleitung tritt Kant in die eigentliche Untersuchung der Vorstellungen des Raumes und der Zeit ein. Die ganze Lehre über Raum und Zeit hatte Kant in der ersten Auflage seiner Vernunftkritik (1781) in beiden Abschnitten ohne jede weitere Kennzeichnung der engeren Gliederung entwickelt. Nun hat er noch vor der Ausarbeitung der zweiten Auflage denselben Stoff in seinen „Prolegomena etc." nur nach einer anderen Methode von neuem bearbeitet und dadurch haben seine Gedanken im Einzelnen nicht geringe Klärungen erfahren. Systematisch gewann dadurch auch die transscendentale Aesthetik, indem sie die Unterscheidung von zweierlei Erörterungen einführte. Kant hat nämlich einen schon in der ersten Auflage vorhandenen Gedankengang, das dritte Argument, aus den übrigen Argumenten ausgesondert und zu einer sog. transscendentalen Erörterung verarbeitet. Dadurch entstand die Notwendigkeit, die übrigen Gedanken von dieser Erörterung zu unterscheiden, was er auf die Weise ausgeführt hat, dass er die übrigen Ausführungen über Raum und Zeit unter dem Titel „metaphysische Erörterung" zusammenfasste.

Somit hat diese Unterscheidung zwischen metaphysischer und transscendentaler Erörterung bei Kant eine rein methodische Bedeutung. In beiden wird dasselbe bewiesen, nämlich: dass Raum und Zeit Anschauungen a priori sind; aber in jeder Erörterung geschieht dies auf eine andere Weise. Die Methode einer jeden der beiden Erörterungen ist eine andere. Cohen bestimmt in seinem Buch: „Kants Theorie der Erfahrung. 2. Auflage Marburg 1885" S. 73 ff. und noch öfter diesen Unterschied dahin, dass 1. die metaphysische Erörterung die der psychologischen Analyse verschlossenen und unzugänglichen Thatsachen zu untersuchen und als a priori zu erkennende Elemente des Bewusstseins festzustellen habe. Während so die metaphysische Erörterung das Apriori als Thatsache des Bewusstseins nachweist, hat 2. die transscendentale Erörterung diese Elemente des Bewusstseins als solche nachzuweisen, die hinreichend und notwendig sind, die Thatsache der Wissenschaft zu begründen. Die metaphysische Erörterung stellt also bloss fest, dass es apriorische Elemente des Bewusstseins giebt, die transscendentale Erörterung dagegen hat am Massstab der Erklärung der Wissenschaft darzustellen, welches diese apriorischen Elemente sind. Es ist augenscheinlich, dass hier in Kants Unterscheidung zu viel hineingelegt ist, indem einzelne Beobachtungen, die vielleicht richtig sind, auf die Spitze getrieben werden.

Wenn man nun die Anlage der metaphysischen Erörterung im grossen und ganzen betrachtet, so bemerkt man auf den ersten Blick, dass die Beweise dafür, dass Raum und Zeit Anschauungen apriori sind, nach der ersten Auflage in beiden Abschnitten und nach der zweiten Auflage nur im zweiten Abschnitte von der Zeit in 5, im ersten Abschnitt vom Raum aber in 4 Punkte zerfallen. Bei näherem Zusehen ergiebt sich, dass die ersten zwei Punkte in beiden Abschnitten sich damit beschäftigen, den Raum und die Zeit als Vorstellungen apriori zu beweisen, während die zwei letzten Punkte die Anschaulichkeit von Raum und Zeit darlegen. Der mittlere Punkt gehört in beiden Abschnitten nicht zu dem Gedankenkreis der metaphysischen Erörterung, weshalb er im 1. Abschnitt vom Raum von Kant selbst in der 2. Auflage entfernt wurde, während er im 2. Abschnitt inkonsequenter Weise stehen blieb. Da wir ihn deshalb hier ausser Acht lassen, so bleiben uns noch die 4 übrigen Punkte, die sich von selbst in 2 Teile zerlegen.

A. Der Raum und die Zeit sind Vorstellungen apriori.

1. Das erste Raum- und Zeitargument soll den Raum und die Zeit als Vorstellungen a priori beweisen. Dies kommt in beiden Argumenten in dem ziemlich gleichlautenden ersten Satze zum Ausdruck, dass der Raum beziehungsweise die Zeit kein empirischer Begriff ist, der von der Erfahrung abgezogen wäre.[1]) An diesen Satz als Thema des Beweises reiht sich im folgenden Satz der Beweisgrund an. Kant beruft sich zur Erhärtung seiner These darauf, dass Raum und Zeit jeder einzelnen Wahrnehmung in unserem Bewusstsein vorangehen müsse. Der Raum und die Zeit müssen jeder Empfindung zum Grunde liegen. Man könnte dieselben nicht ausserhalb des Subjekts, ebensowenig ausser und neben einander wahrnehmen, wenn wir nicht die Vorstellung des Raums hätten. Ohne diese Vorstellung könnte man weder das Zugleichsein noch das Nacheinanderfolgen gewisser Empfindungen wahrnehmen; nur unter der

---

[1]) Daran, dass diese negative Fassung: dass Raum und Zeit keine empirischen, von der Erfahrung abgezogenen Begriffe sind, die Apriorität ausdrückt, kann kein Zweifel sein. Vgl. oben S. 7 und Kants Kritik, herausg. v. Kehrbach S. 35 und 648.

Voraussetzung der Zeit kann man einiges zu gleicher, anderes in verschiedener Zeit vorstellen.

Diesen Beweis Kants nennt nun Ueberweg[1]) einen Zirkelschluss; offenbar darum, weil er annimmt, hier liege der beweisenden Priorität des Raumes die zu beweisende Apriorität zu Grunde. Diesem Einwurf will Cohen[2]) dadurch entgehen, dass er behauptet, in unserem Argument wolle Kant ja noch gar nicht die Apriorität des Raumes beweisen; er behaupte vielmehr bloss, dass Raum und Zeit der Erfahrung „zum Grunde liege." Diesen Ausdruck Kants will Cohen betont und nicht flüchtig übersehen wissen. Und das, was dieser Ausdruck besage, sei bewiesen; mehr, besonders das, wie der Raum der Erfahrung zu Grunde liege, wollte ja auch Kant nicht beweisen. Nach unsrer Ansicht ist diese gekünstelte Erklärung, die übrigens auch unsere Ansicht von der Doppelteilung der metaphysischen Erörterungen unmöglich machen würde, gar nicht nötig, um Kant vor dem Vorwurf Ueberwegs zu decken. Man hat nur zu bedenken, dass Kant unter der Apriorität kein psychologisches, geschichtliches Vorgehen von Raum und Zeit vor der Erfahrung versteht, sondern damit eine erkenntnistheoretische Wertschätzung der betreffenden Vorstellungen ausdrücken will. Auch an unserer Stelle ist keine psychologische Priorität zu Gunsten einer psychologischen Apriorität ausgespielt — was dann freilich ein Zirkelschluss wäre, weil die psychologische Priorität dasselbe wäre, wie die psychologische Apriorität und ebenso zu beweisen wäre, wie diese; ja auf dem Wege der Untersuchung der Vorstellung gar nicht bewiesen werden könnte, sondern nur auf historischem, psychologischem Wege. Es handelt sich an unserer Stelle vielmehr darum, aus der Thatsache, die jeder durch Untersuchung seines Bewusstseins bestätigt finden wird, dass einer jeden einzelnen Empfindung im Bewusstsein die Vorstellung des Raumes (und der Zeit) voran gehen muss und vorangeht und denselben somit zu Grunde liegt, deren Unabhängigkeit von den einzelnen Emfindungen und sodann auch von der Erfahrung zu beweisen. Mit dieser Unabhängigkeit von der Erfahrung ist der Raum und die Zeit als nicht-empirisch erwiesen, was bei Kant, da sich reine und empirische Erkenntnis gegenseitig ausschliessen, gleich ist mit deren Apriorität.

---

[1]) In seinem „Grundriss der Gesch. der Philos." 5. Aufl. III. Bd. 1. Abteilung S. 281.

[2]) „Kants Theorie der Erfahrung" 2. Aufl. S. 96,7.

Dieser Beweisgrund ist im Raumargument im zweiten Satze enthalten. Dem entspricht der zweite Satz des Zeitarguments inhaltlich ganz wohl, wenn er auch etwas kürzer gefasst ist. Dieser Satz des Zeitarguments beweist es auch klar, dass Cohen im Unrecht ist, wenn er beim „Zugrundeliegen" des Raumes und der Zeit stehen bleiben will. Denn es heisst hier, dass „die Vorstellung der Zeit apriori zum Grunde liege." Cohen meint freilich (S. 182) das Verbundensein des „apriori" mit dem „zum Grunde liegen" damit zu erklären, dass die transscendentale Erörterung des Raumes schon voraufgegangen sei. Dann wäre aber der Parallelismus der beiden Argumente durchbrochen, was hier anzunehmen wir uns nicht gezwungen fühlen. Für die Kürze des zweiten Satzes tritt im Zeitargument zu demselben noch ein dritter Satz zum Beweis des Themas hinzu, der nach Vaihinger[1]) „eine erläuternde Umschreibung des Beweisgrundes" ist.[2])

Dagegen folgt im Raumargument allein, ohne ein entsprechendes Glied im Zeitargument, im dritten Satze die Schlussfolgerung aus dem zweiten Satze. Aber diese Schlussfolgerung ist streng genommen nur in der ersten Hälfte des Satzes enthalten. Nur hier wird constatiert, dass die Raumvorstellung nicht aus der Erfahrung erborgt sein kann. Dagegen ist die zweite Hälfte dieses dritten Satzes, wonach die Raumvorstellung die äussere Erfahrung erst möglich mache, vielmehr eine Rekapitulation des Beweisgrundes, die jene Schlussfolgerung in der ersten Hälfte des Satzes von neuem stützen soll. Während nun jene Schlussfolgerung kein entsprechendes Glied im Zeitargument hat, könnte der zweiten Hälfte des Satzes doch der dritte Satz des Zeitarguments, wonach die Zeit die Voraussetzung des Zugleich- und Nacheinanderseins ist, dies also bedingt, ermöglicht, ganz wohl zur Seite gestellt werden. Somit bliebe nur noch die Schlussfolgerung in der ersten Hälfte des dritten Satzes im Raumargument ohne entsprechendes Glied im ersten Zeitargument. Und wenn diese Schlussfolgerung auch nichts weiter als eine Wiederholung der These im ersten Satz wäre, so wäre doch der Umstand, dass sie klar ausgesprochen wird, formell viel korrekter, als das Fehlen dieser Folgerung im Zeitargument.

2. Während das erste Argument das Beweisziel des ersten

---

[1]) Commentar II. Bd. S. 368.
[2]) Nach Cohen S. 182 geht dieser Satz über den Inhalt des entsprechenden Raumarguments hinaus.

Teils der metaphysischen Erörterung negative[1]) auf indirektem Wege beweist, indem es darlegt, was Raum und Zeit nicht sind, haben wir in dem zweiten Raum- und Zeitargument einen direkten Beweis für die Apriorität von Raum und Zeit. Hier haben wir wieder sowohl im Raum- wie im Zeitargument im ersten Satze das Thema des Beweises. Raum und Zeit sind notwendige Vorstellungen, die allen übrigen Anschauungen zu Grunde liegen. Dass mit der Notwendigkeit dieser Vorstellungen ihre Apriorität soll ausgedrückt sein, geht aus dem Raumargument hervor das zu der Bezeichnung des Raumes als einer notwendigen Vorstellung hinzusetzt, dass derselbe eine notwendige Vorstellung apriori sei.[2]) Im übrigen sind die ersten Sätze der beiden Argumente nicht nur inhaltlich, sondern ausser der gehörigen Limitation aus Rücksicht auf die besondere Natur von Raum und Zeit als Formen des äusseren beziehungsweise des inneren Sinnes auch formell ziemlich gleich mit einander.

Dem Beweisthema folgt im zweiten Satze beider Argumente der Beweisgrund. Inhaltlich scheinen die beiden Sätze wieder ganz gleich zu sein. Es bedeutet scheinbar dasselbe, ob man sagt, dass man davon, dass kein Raum sei, sich keine Vorstellung machen kann, oder, dass man die Zeit in Anschung der Erscheinungen nicht aufheben kann; sowie das, dass man die Gegenstände aus dem Raum hinwegdenken, oder, dass man die Erscheinungen aus der Zeit wegnehmen könne. In beiden Argumenten scheint gesagt zu sein: 1. dass man Raum und Zeit nicht aufheben, aber 2. die Erscheinungen in Raum und Zeit aus denselben wohl wegnehmen könne. Was also die Erfahrung dem Bewusstsein giebt, kann wohl vermisst werden, ist also nicht notwendig, hingegen Raum und Zeit können nicht aufgegeben werden; sie sind notwendig und damit auch apriori. Aber dieser Gedanke wird im Raum- und im Zeitargument je in einer anderen Wendung ausgedrückt. Das Raumargument beruft sich zum Beweis des Themas darauf, dass man sich keine Vorstellung machen, es nicht denken könne, dass kein Raum ist, aber wohl, dass keine Erscheinungen, Gegenstände darin angetroffen werden. Man sieht also, es behauptet die subjektive Denkunmöglichkeit des Nichtseins des Raumes für das Subjekt, ebenso die subjektive

[1]) Zu dieser Negativität des ersten Arguments bemerkt Cohen a. a. O. S. 97: „Es ist, als ob Kant, in die Erwägung dieser Verhältnisse vertieft, seinen ersten einleitenden Satz durch die negat. Fassung von dem Vorwurf des Zirkelschlusses (!) hätte sichern wollen.“

[2]) Vgl. übrigens auch den 3. Satz des entprechenden Zeitarguments.

Denkmöglichkeit dessen, dass im Raum Gegenstände nicht angetroffen werden. Man kann deshalb diese Wendung des zweiten
Raumarguments eine subjektive nennen, weil sie zur Erweisung der
Apriorität den Beweisgrund in Beziehung auf das Subjekt d. h. die
subjektive Notwendigkeit als Thatsache anführt. — Demgegenüber
kann die Wendung des 2. Zeitarguments eine objektive genannt
werden; denn dieses betont, dass die Zeit in Ansehen der Erscheinungen überhaupt, also in Beziehung zu dem Objekt nicht aufzu-
heben sei. Dagegen könnten die Erscheinungen ganz wohl aus
der Zeit entfernt werden. Was also hier als Thatsache zum Beweis
angeführt ist, ist nicht in Beziehung zum Subjekt, sondern unab-
hängig von diesem, allein in Beziehung zum Objekte dargelegt. Es
ist also die objektive Seinsunmöglichkeit des Nichtseins der
Zeit in Ansehung der objektiven Erscheinungen und die objektive
Seinsmöglichkeit dessen, dass in der Zeit gleichwohl keine Erscheinungen vorkommen. Im ersten Falle ist also der Raum für das
vorstellende Subjekt notwendig und man kann dies (mit Vaihinger)
die subjektive Notwendigkeit nennen; im anderen Falle ist die Zeit
notwendig für das vorgestellte Objekt und dies kann man die objektive Notwendigkeit nennen. So wäre denn der Beweisgrund für
die Apriorität des Raumes die subjektive Notwendigkeit der Raumvorstellung, für die Apriorität der Zeit die objektive Notwendigkeit
der Zeitvorstellung. Ob freilich beide mit gleichem Recht als ein
Beweis für die Apriorität gelten können, steht noch dahin.

Mit dieser Verschiedenheit des Beweisgrundes der zwei entsprechenden Argumente ist auch eine solche in der Anlage verknüpft.
Während im 3. Satz des Raumarguments, dem 1. Raumargument ähnlich, auf den Beweis des Themas eine Schlussfolgerung folgt, bringt
das zweite Zeitargument 3 kleine Sätzchen, von denen das dritte,
nur präziser, als dies im ersten Satz ausgedrückt war, ebenfalls als
Folgerung (s. das „also") die These, der vierte und fünfte Satz aber
den Beweis wiederholt.

Wenn wir nun diese Schlussfolgerungen (so wollen wir auch
die 3 letzten Sätze des Zeitarguments nennen) mit ihren vorhergehenden Beweis vergleichen, so finden wir, dass das Zeitargument
auch in seiner Schlussfolgerung seiner objektiven Wendung treu
bleibt. Aus dem objektiven Beweisgrunde dieses Arguments wird
gefolgert, dass ohne die Zeit die Wirklichkeit der Erscheinungen
nicht möglich sei, sondern nur in ihr. Die Erscheinungen können
aus der Zeit wegfallen, aber die Zeit selbst ist die Bedingung der

Möglichkeit der Erscheinungen und darf deshalb nicht aufgegeben werden. Die Zeit wird also als Bedingung der Möglichkeit der Erscheinungen bewiesen und damit hält Kant die Grenzen der objektiven Notwendigkeit inne, die er in diesem Argument als Beweis für die Apriorität der Zeit eingeführt hat. — Anders verhält es sich bei dem Raumargument. Da heisst es in der ersten Hälfte der Schlussfolgerung, ebenso wie im 2. Zeitargument, dass der Raum die Bedingung der Möglichkeit der Erscheinungen (Vaihinger ergänzt Bd. II. S. 192 richtig: „der äusseren Erscheinungen") ist. Es ist also derselbe Schluss, den das entsprechende Zeitargument aus der objektiven Notwendigkeit folgerte. Vaihinger erwägt (Bd. II. S. 192) die Möglichkeit, ob dieser Gedanke nicht vielleicht nur eine Zusammenfassung dessen ist, was bereits das erste Raumargument gesagt hat. Da aber das, entsprechende Zeitargument in seinem letzten Satze denselben Gedanken (in Klammern) ebenfalls enthält, so entscheidet er sich mit Recht dafür, dass dieser Ausdruck auch im 2. Raumargument zum Wesen desselben gehört und nicht als Wiederholung des ersten Raumarguments angesehen werden darf.[1]) Wenn man nun das Verhältnis dieses Schlusses zu dem ihm vorangehenden Beweis betrachtet, so wird man urteilen müssen, dass die

---

[1]) Ist dem so, so fragt es sich, wie sich der Schluss aus der objektiven Notwendigkeit der Raumvorstellung an unserer Stelle zu dem Resultat des ersten Raumarguments verhält. Beide haben nämlich scheinbar genau dasselbe Resultat zum Inhalt, dass der Raum die Erfahrung erst möglich mache, er also eine Bedingung der Möglichkeit der Erfahrung sei. Nach Vaihinger, Comm. II. Bd. S. 196/7 sind im 1. Argument die Erscheinungen nicht v o r der Raumvorstellung, nach dem 2. Argument nicht o h n e die Raumvorstellung. Im 1. Argument liege der Raum der Erfahrung p s y c h o l o g i s c h - s u b j e k t i v, im 2. Arg. l o g i s c h - o b j e k t i v zu Grunde. Um aber auch vom 1. Raumargument das psychologische Apriori möglichst ferne zu halten, wird der Unterschied anders bestimmt werden müssen. Nach dem 1. Raumargument ist der Raum im entwickelten und nicht im entstehenden B e w u s s t s e i n von Fall zu Fall v o r d e r e i n z e l n e n W a h r n e h m u n g da (cf. „gewisse Empfindungen"), während er nach dem 2. Arg. n a c h h e r von den Empfindung e n nicht zu entfernen ist. Er umfasst den g a n z e n Kreis der Erfahrung in sich; ist also auch hier vom Standpunkt des fertigen Bewusstseins vor der ganzen Erfahrung da. Im 1. Arg. geht also der Raum vor der einzelnen Erfahrungsthatsache, im 2. Arg. vor dem ganzen Erfahrungscomplex im fertigen Bewusstsein apriori vorher. (Cf. „alle äusseren Anschauungen" was Vaihinger II. S. 168 „bemerkenswert" findet, weil er das Wort „alle" auf alle Sinne bezieht. Wir beziehen es auf den ganzen Erfahrungscomplex). Nach dem 1. Arg. ist der Raum vor der einzelnen Erfahrung apriori; im 2. Argument ist er von der ganzen Erfahrung nicht weg zu denken, ist also auch im Verhältnis zu ihr apriori.

subjektive Notwendigkeit, den Raum zu denken, nicht die Folge hat, dass er die Bedingung der Möglichkeit der objektiven Erscheinungen ist, sondern nur die, dass er die Bedingung ihrer Denkmöglichkeit ist. Es kann somit die auf die objektive Notwendigkeit des Raumes sich stützende Aussage, dass der Raum die Bedingung der Möglichkeit der Erscheinungen ist, nicht als richtiger Schluss aus dem vorhergehenden Beweisgrund des Arguments angesehen werden.

Anders steht es mit der zweiten Hälfte des Schlusses. Hier wird geschlossen, dass der Raum eine Vorstellung apriori, also für das Subjekt notwendig, nicht wegdenkbar ist. Dieser Schluss trägt subjektiven Charakter und darf als allein richtiger Schluss aus der vorhergehenden Beweisführung angesehen werden.

Es sind also im Schlusssatz des Raumarguments zwei Gedanken mit einander verknüpft: 1. der Raum ist die Bedingung der Möglichkeit der Erscheinungen, er ist also objektiv notwendig. 2. der Raum ist eine Vorstellung apriori, d. h. alle Subjekte müssen den Raum denken; er kann nicht hinweggedacht werden, wie die empirischen Gegenstände. Also ist der Raum diesen nicht gleich, er ist nicht empirisch, sondern subjektiv notwendig. Es ist also ersichtlich, dass bloss die subjektive Notwendigkeit des Raumes aus dem vorhergehenden Beweisgrund gefolgert werden kann, während die objektive Notwendigkeit höchstens als eine naheliegende Folgerung aus der subjektiven erscheinen kann, indem man diese in jener begründet sein lässt. Dabei wird aber auch die Apriorität n u r durch die subjektive Notwendigkeit gestützt, während dies von ihrer Folgerung, von der objektiven Notwendigkeit, nicht gesagt werden kann. Daraus folgt ein doppeltes: 1. dass im 2. Raumargument Beweis und Schluss sich nicht decken. Der Beweis führt zur subjektiven Notwendigkeit, der Schluss folgert die subjektive u n d objektive Notwendigkeit der Raumvorstellung. Also schliesst und beweist das 2. Raumargument zu viel. 2. Im 2. Zeitargument decken sich wohl Beweis und Folgerung, aber sie reichen nicht hin zur Beweisung der These. Also beweist das 2. Zeitargument zu wenig.

Daraus, dass Kant diese zwei Beweise aus der subjektiven u n d objektiven Notwendigkeit derart vermengen konnte, geht hervor, dass er nicht etwa den einen Beweis nur für die Zeit, den anderen oder beide nur für den Raum massgebend erachtet hat. So, wie beim Raum beide Beweise verbunden sind, so könnte dies auch bei der Zeit der Fall sein. Nur wird der Unterschied der beiden Beweise Kant gar nicht zum Bewusstsein gekommen sein, sodass er weder den Beweis aus der subjektiven Notwendigkeit im Zeitargument vermisst, noch die Verbindung der beiden Beweise im Raumargument bemerkt haben wird. Deshalb könnte der Beweis aus der subjektiven Notwendigkeit nachträglich auch noch auf die Zeit erstreckt werden und wir hätten dann eigentlich bis jetzt drei Beweise für die Apriorität von Raum und Zeit, wenn dem Beweis aus der objektiven Notwendigkeit in dem Masse Beweiskraft zukäme, wie dem aus der subjektiven Notwendigkeit.

Im ersten Abschnitt folgt nun bloss nach der ersten Auflage, im zweiten Abschnit aber auch nach der 2. Auflage ein Punkt Nr. 3, den Kant in der 2. Auflage als transscendentale Erörterung erweitert besonders entwickelt hat. Thatsächlich stört auch die Erklärung der Apodikticität der geometrischen Sätze und der Axiome von der Zeit überhaupt aus der bis jetzt gewonnenen Apriorität von Raum und Zeit den systematischen Zusammenhang und durchbricht den bisherigen Gedankengang auch in dem Fall, wenn man, die Apodikticität von Raum und Zeit als Thatsache angenommen, darin einen neuen Beweis für die Apriorität erblickt. Der Beweis hat auch dann seinen Ort in der transscendentalen Erörterung. Deshalb der Ausschluss dieses Punktes in der Lehre vom Raum in der 2. Auflage eine entschiedene Verbesserung im Verhältnis zur 1. Auflage, während das Stehenbleiben desselben Punktes in der Lehre von der Zeit auch der zweiten Auflage ganz entschieden auf Nachlässigkeit beruht.[1]) Deshalb nehmen wir in der metaphysischen Erörterung gar keine weitere Rücksicht darauf.

B. Der Raum und die Zeit sind Anschauungen.

Die Anschaulichkeit von Raum und Zeit sucht Kant ebenfalls in 2 Punkten nachzuweisen und zwar im 1. Abschnitt nach der 2. Auflage im 3. und 4. Punkt; im 2. Abschnitt nach beiden Auflagen in Nr. 4 und 5. Wenn man diese Argumente für die Anschaulichkeit von Raum und Zeit vergleicht, so meint man, dass das 3. Raumargument dem 4. Zeitargument und das 4. Raumargument dem 5. Zeitargument entsprechen. Dem soll näher nachgeprüft werden.

---

[1]) Cohen entschuldigt a. a. O. S. 106 diese Nachlässigkeit Kants damit, dass „die transscendentale Erörterung des Raumes schon vorausgegangen" sei. Vgl. auch S. 161.

1. Der erste Satz sowohl des 3. Raum- als auch des 4. Zeitarguments enthält hier wieder das Thema des Beweises. Beide sind wieder fast ganz gleichlautend. Vom Raum wie von der Zeit wird in erster Reihe gesagt, dass sie keine Begriffe sind, sondern dessen Gegenteil, das in dem einen Fall „reine Anschauung", im anderen Fall „reine Form der sinnlichen Anschauung" heisst, was aber, wie wir schon eben gesehen haben, von Kant identifiziert wird.[1]

Wie wird nun diese These bewiesen? Im 3. Raumargument beruft sich Kant darauf, dass der Raum ein einiger, d. h., wie man aus dem Vergleich mit dem 4. Zeitargument und aus dem gleich folgenden Einwand sehen kann, ein einziger ist und infolgedessen kein Begriff sein kann, weil der Begriff „eine allgemeine Vorstellung dessen ist, was mehreren Objekten gemein ist."[2] Also setzt der Begriff mehrere Objekte voraus, die gemeinsame, aber auch verschiedene Merkmale besitzen. Wenn man nun im Leben von verschiedenen „Räumen" redet und meinen könnte, der alleinige Raum sei ein Begriff derselben, so ist darauf zu antworten, dass diese Räume eben nur Teile des alleinigen Raumes sind, die im Raum ganz aufgehen, nicht aber Objekte, die ausser den den Raum als Begriff konstituierenden gemeinsamen Merkmalen auch noch besondere besitzen müssten.

Wenn man nun mit diesem Satz den ihm entsprechenden Satz im 4. Zeitargument vergleicht, so wird man bloss einer Zusammenstimmung im Grossen und Ganzen gewahr werden. Hier wird demselben Einwand, dass es verschiedene Zeiten gebe, damit begegnet, dass dieselben nur Teile eben derselben Zeit sind. Dass aber diese Zeit eine einige beziehungsweise einzige ist, wird hier nicht ausdrücklich ausgesprochen. Und doch hätte dies nicht unterlassen werden dürfen, weil eben dies der springende Punkt in diesem als Obersatz geltenden Satze ist, zu dem im folgenden 3. Satz noch der Untersatz eingeführt wird: dass eben solche Vorstellungen, die nur durch einen einzigen Gegenstand gegeben sind — d. h. besser gesagt (da die Zeit doch durch keinen Gegenstand gegeben ist, einem solchen höchstens vergleichbar ist) Einzelvorstellungen sind — nicht

---

[1] Eigentlich hat Kant damit etwas zu viel behauptet, weil der Nicht-Begriff noch nicht „reine Anschauung" sondern bloss „Anschauung" überhaupt ist, sodass wir im obigen Recht behalten, wenn wir sagten, dass Kant in der 2. Hälfte der metaphysischen Erörterung das beweise, dass Raum und Zeit Anschauungen sind. Man vgl. auch Kants Logik § 1., besonders auch Anm. 1.

[2] Kants Logik § 1., Anm. 1.

28

Begriffe, sondern Anschauungen sind. Um die These dieses Zeitarguments zu rechtfertigen und den ganzen Beweis des 4. Zeitarguments auch formell als vollständig und erbracht erscheinen zu lassen, fehlt nur noch die Schlussfolgerung: „also ist die Zeit eine Anschauung"; die übrigens auch unausgesprochen bleiben kann (cf. das 1. Zeitargument). Aus demselben Grunde hätte auch im 3. Raumargument nach dem 2. Satze der Schluss eine Berechtigung: „also ist der Raum eine Anschauung", denn er ist auch eine Einzelvorstellung und keine allgemeine Vorstellung oder Begriff.

Aber das 3. Raumargument bricht hier sein Beweisverfahren noch nicht ab. Es werden noch andere Beweisgründe angeführt, die beweisen sollen, dass der Raum nicht den Charakter des Begriffs, sondern den der Anschauung zeigt. Im Begriff gehen die einzelnen Bestandteile, die Merkmale, dem Begriff selber voran. Also wird der Begriff erst durch die Zusammensetzung der Merkmale möglich. Nicht so verhält es sich zwischen dem alleinigen oder besser gesagt: einheitlichen Raum und den Räumen (Teilräumen des unendlichen Raumes). Diese gehen nicht dem Raume, dem Ganzen voran, bedingen ihn nicht, sondern der Raum geht diesen voran; sie können nur i n dem Raum gedacht werden, sind von diesem bedingt. Diese Einbeschlossenheit der Räume im Raum wird im 4. Satz näher ausgeführt. Diese Teilräume oder Teile des Raumes, „das Mannigfaltige in ihm", sind nur Einschränkungen desselben, Ausschnitte daraus, sodass der Raum nicht erst durch Zusammensetzung der Teile, also a u s den Teilen entsteht. Vielmehr entstehen diese aus dem Raum durch Einschränkung desselben. Da es sich aber mit dem Raum und den Räumen so verhält, so kann der Raum nicht als Begriff und die Räume nicht als dessen Merkmale angesehen werden. Hiermit wäre abermals dargelegt, dass der Raum kein Begriff, sondern dessen Gegenteil, eine Anschauung ist.

Man kann diesen eben besprochenen Teil des 3. Raumarguments, der im 4. Zeitargument keinen entsprechenden Teil hat, verschieden beurteilen. Vaihinger fasst ihn als einen „zweiten Einwand gegen Kants Theorie"[1]) auf und scheint ihn damit auf eine Linie zu stellen mit dem „Selbsteinwand"[2]) gegen den Beweisgrund der Einzigkeit des Raumes, der in der 2. Hälfte des 2. Satzes enthalten ist. Nach dieser Annahme würde Kant die Anschaulichkeit des Raumes darauf

---

[1]) Commentar II. Bd. S. 215.
[2]) Ebenda S. 212.

stützen, dass derselbe ein Unikum ist. Gegen diesen Beweisgrund könnte dann eingewendet werden: 1. dass man doch auch von verschiedenen Räumen spreche, was sich mit der Einzigkeit des Raumes nicht zu vertragen scheint; und 2. dass der Raum aus Teilen zusammengesetzt ist, die ihm vorangehen und ihn somit nicht als ein Unikum, sondern als ein Aggregat aus den verschiedenen Räumen erscheinen lassen.

Gegen diese Annahme scheinen uns folgende Gründe zu sprechen: 1. das „erstlich" im 2. Satz des 3. Raumarguments führt eine Aufzählung ein, und da es zum Verbum „vorstellen" und nicht „verstehen" gehört, also die erste Hälfte des Satzes, die den Beweisgrund enthält, und nicht die 2. Hälfte, die den Einwand gegen diesen bringt, als erstes Glied dieser Aufzählung einführt, so ist auch eine Fortsetzung in der Aufzählung und zwar eine solche, die einen der Einzigkeit des Raumes gleichwertigen Beweisgrund für die Anschaulichkeit des Raumes enthält, zu erwarten. Diese enthält der 3. Satz, wie schon das „auch", das dem „erstlich" entspricht,[1]) zeigt. Den Anlass zu einer Gleichsetzung des Beweisgrundes des 3. Satzes mit dem Einwand gegen den Beweis im 2. Satz mag die unmittelbare Nähe der zwei Wörter „Teile" gegeben haben, deren zweites dem ersten an die Seite gestellt zu sein scheint. Eigentlich bedeuten diese zwei Wörter beidemal etwas anderes. In der 2. Hälfte des 2. Satzes bedeutet „Teile" den Gegensatz der Räume zu dem allgemeinen Raum, kraft dessen sie mit diesem gar nicht vergleichbar sind, während im 3. Satz das Wort „Teile" zu den Merkmalen des Begriffs, den „Bestandteilen" in Beziehung gebracht ist. Also dort drückt der Gedanke, dass die Räume Teile sind, das aus, dass sie nicht vergleichbar sind mit dem Raumganzen und so auch nicht dessen Einzigkeit umstossen können, während hier die Teile des Raumes nicht dessen Bestandteile sind, wie dies die Merkmale im Verhältnis zum Begriff sind. Also dort wird ein Beweisgrund, dass der Raum einzig ist, hier aber die These, dass der Raum kein Begriff ist, gestützt. Deshalb beginnt mit dem 3. Satz ein neuer Beweisgrund für die These im 1. Satz und nicht die Entkräftigung eines zweiten Einwandes gegen den Beweisgrund in der 1. Hälfte des 2. Satzes.

---

[1]) Auch Vaihinger nimmt a. a. O. II. S. 215 an, dass „das Wörtchen „auch" ... dem „erstlich" in dem vorhergehenden Satze entspricht," und betont, dass „hier ein neuer Gedanke kommt." Dem fügt er bei, dass dies „auch der scharfsinnige Maass erkannt" habe „der in Eberhards Magazine I, 135. 137. ... hier einen „neuen Beweisgrund" beginnen lässt."

Dazu kommt 2., dass auch nach Vaihinger (II, 216) im 4. Satze, der mit dem dritten auch nach ihm (II, 215 u. 216) als dessen Erläuterung zusammengehört, das „einig", vom Raume gesagt, nicht mehr „einzig" heisst, wie im 2. Satz, sondern „einheitlich". Somit enthielten der 3. und 4. Satz einen neuen Beweisgrund aus der Einheitlichkeit des Raumes für dessen Anschaulichkeit. Endlich 3. kann noch als Stütze unsrer Ansicht angeführt werden, dass im entsprechenden 4. Zeitargument die Berücksichtigung dieses s. g. Einwandes fehlt, obwohl der Beweisgrund derselbe [1]) ist und der Einwurf gegen die Einzigkeit der Zeit wegen der Zeiten ebenso berücksichtigt ist, wie der gegen die Einzigkeit des Raumes wegen der Räume. Wenn also im 4. Zeitargument die Einzigkeit der Zeit durch die Widerlegung des einen Einwandes als genügend bewiesen erscheint, so ist nicht einzusehen, warum dies bei dem Raum eingehender hätte begründet werden müssen, um so weniger, da Kant bei seinen Zeitargumenten die Raumargumente schon vor sich hatte und ihm so das Plus des Raumarguments bei der Zeit nicht hätte entgehen können. Wir werden also das Zeitargument, wenn auch für knapp, so doch auch für vollständig erachten und das entsprechende 3. Raumargument für ein Argument mit doppeltem Beweis, d. h. für zwei Beweise für die Anschaulichkeit des Raumes betrachten. Der eine Beweis aus der Einzigkeit des Raumes entspricht dem 4. Zeitargument und der 2. Beweis des 3. Raumarguments aus der Einheitlichkeit des Raumes kann auch auf die Zeit ausgedehnt werden.

Dies hat nun Kant auch thatsächlich gethan. Gleich das nächstfolgende 5. Zeitargument der 1. Auflage erweist sich als das unsrem 2. Beweis im 3. Raumargument entsprechende Zeitargument. Sein Anfang, der von der Unendlichkeit der Zeit seinen Ausgang nimmt, kann wohl den Schein erwecken, dass es dem mit einem ähnlichen Satz anhebenden 4. Raumargument entspricht, was übrigens auch

---

[1]) Wenn auch der Beweisgrund der Einzigkeit der Zeit im 4. Zeitargument unterdrückt und nicht mit klaren Worten ausgesprochen ist, so ist damit nicht gesagt, dass der Beweisgrund hier ein anderer wäre, als im 3. Raumargument. Auch Vaihinger nimmt das Gegenteil an, nämlich dass der Beweisgrund des 4. Zeitarguments sei: die Zeit ist ein Unikum (II. 372), der Umstand, dass sich die zwei Argumente entsprechen und auch den Einwand auf gleiche Weise widerlegen, spricht dafür. Ausserdem lässt der Ausdruck „eben dieselbe Zeit" und die wenn auch ungeschickte Wendung, dass die Anschauung, also auch die Zeit, nur durch einen „einzigen Gegenstand" gegeben werden könne (dieser Ausdruck diente als Grund, im Raumarg. „einig" mit „einzig" zu erklären) nur die Einzigkeit der Zeit als Beweisgrund für wahrscheinlich gelten.

nach dem Parallelismus der Beweise zu erwarten wäre. Aber
weiteres Eingehen auf seinen Inhalt beweist, dass es die Verselb-
ständigung des 2. Beweisgrundes im 3. Raumargument zu einem
besonderen Argument ist. Dass dies möglich war, ist eine neue
Stütze für die obige Behauptung, dass der 3. und 4. Satz des 3. Raumarguments keine Widerlegung eines Einwandes gegen den ersten
Beweisgrund der Einzigkeit des Raumes ist, sondern ein 2. Beweisgrund, sonst könnte Kant hier mit dem entsprechenden Zeitargument
auch nicht die Anschaulichkeit der Zeit, als vielmehr bloss deren
Einzigkeit beweisen. Dies scheint nun auch auf den ersten Blick
sich thatsächlich so zu verhalten. Im 1. Satz des 5. Zeitarguments
nach der ersten Auflage (A.) wird nämlich nicht, wie wir es bis
jetzt stets im 1. Satz der Argumente gefunden haben, die These der
Anschaulichkeit der Zeit, sondern die Behauptung der „Einigkeit"
derselben aufgestellt, womit die Unendlichkeit gleich sein soll. Und
wenn wir von der Zeit sagen, dass sie unendlich ist und es dabei
doch noch bestimmte Grössen der Zeit, also nicht unendliche Zeiten
giebt, so kann dies gegen die Unendlichkeit und die ihr gleichge-
setzte Einigkeit nichts verstossen, weil diese Zeiten von bestimmter
Grösse (diese Teile der Zeit) nur Einschränkungen der einigen Zeit
sind. Als solche Einschränkungen sind sie nur auf Grund der einigen
Zeit möglich. Dieser Gedankengang deckt sich wesentlich (mit
Ausnahme der Miteinbeziehung der Unendlichkeit) mit dem des 4.
Satzes im 3. Raumargument, der den 3. Satz daselbst erläutern sollte.
Der weitere Fortgang des 5. Zeitarguments nach A zeigt aber, dass
es mit dem Nachweis der Einigkeit der Zeit sich nicht um einen
Selbstzweck handelt, sondern dass derselbe lediglich ein Beweisgrund, eine Stufe zum Beweis der Anschaulichkeit der Zeit ist. Nur
ist hier die Methode eine andere als im 3. Raumargument. Dort
wurde die These gestellt, der Beweisgrund (zuerst der Einzigkeit,
dann) der Einheitlichkeit aufgestellt und gestützt. Hier beim 5.
Zeitargument nach A macht es Kant umgekehrt. Er behauptet und
stützt zuerst den Beweisgrund der Einheitlichkeit der Zeit und
steigt von hier zur Anschaulichkeit derselben empor. Also wird in
unserem Zeitargument nicht die Einigkeit der Zeit, sondern durch
deren Einheitlichkeit ihre Anschaulichkeit bewiesen und somit ist
obiger Schein, als enthielte der 1. Satz des Arguments die These des
Beweises und wäre unser Argument kein selbständiger Beweis für
die Anschaulichkeit der Zeit, zerstreut. — So wie nun aber die
ersten zwei Sätze des 5. Zeitarguments nach A dem 4. Satze des

3. Raumarguments, der Schluss des Zeitarguments der These des Raumarguments entsprechen, so ist auch der Beweis der Einheitlichkeit der Zeitvorstellung (durch den Nachweis, dass die Zeiten durch Einschränkung der Zeit zustande kommen) eben nur eine Stufe zum letzten Beweis der Anschaulichkeit der Zeit. Als Einschränkungen der einigen Zeit, als Teile derselben gehen die Zeiten nicht vor dieser vorher, wie es dann der Fall wäre, wenn die Zeit ein Begriff wäre, sondern — da das Eingeschränkte später ist, als das, dessen Einschränkung es ist — nachher. Deshalb ist auch die Zeit kein Begriff, sondern eine Anschauung. Dies ist das Wesen des 3. Satzes unseres 5. Zeitarguments nach A und es bestätigt unsre Anschauung von der inhaltlichen Gleichheit (bei umgekehrtem Verfahren) des ganzen Arguments mit dem 2. Beweis des 3. Raumarguments und davon, dass dieser 2. Teil des 3. Raumerguments einen selbständigen Beweis für die Anschaulichkeit der Zeit liefert.

Kehren wir zum 3. Raumargument zurück. Der 5. Satz desselben enthält endlich wieder die Schlussfolgerung, deren entsprechender Teil aber im 4. Zeitargument fehlt. Nur folgert hier Kant zu viel. Aus den vorhergehenden Beweisen geht höchstens soviel hervor, dass der Raum eine Anschauung ist. Wenn Kant trotzdem den Raum hier als eine Anschauung a priori bezeichnet, die nicht empirisch ist, so ist das nur so zu verstehen, dass er das Resultat der ersten zwei Argumente hierherzieht, wie dies schon in der These geschehen ist.

Diesem Beweis für die Anschaulichkeit von Raum und Zeit schliesst sich, wie schon oben dem Nachweis, dass Raum und Zeit Vorstellungen a priori sind, eine Berufung auf die Mathematik und einen apodiktischen Satz von der Zeit überhaupt an. Dies geschieht jedoch hier nicht im einem besonderen Argument, sondern im 6. Satz des 3. Raumarguments und im 4., 5. und 6. Satze des 4. Zeitarguments. Dass diese Sätze als Beweis für die Anschaulichkeit gelten sollen, ist aus dem Nachweis im Zeitargument ganz klar. Freilich müssen wir auch hier urteilen, dass dies nur noch Rudimente der 1. Auflage sind, wo Kant noch nicht unterschieden hat zwischen metaphysischen und transscendentaler Erörterung. In der 2. Auflage haben diese Sätze deshalb aus systematischen Gründen nicht hier ihren Platz, sondern in der transscendentalen Erörterung.

2. Da das 3. Raumargument nicht nur dem 4., sondern auch dem 5. Zeitargument nach A entspricht, so haben wir nur noch das letzte Raumargument, allerdings in doppelter Gestalt nach den zwei

Auflagen der Vernunftkritik Kants und das 5. Zeitargument nach
der 2. Auflage (B.) zu behandeln. Diese drei Argumente wollen
wir einzeln und gesondert von einander betrachten.

a) Zuerst wenden wir uns dem letzten Raumargument der
1. Auflage zu. Der 1. Satz desselben behauptet, dass der Raum als
eine unendliche Grösse gegeben sei.[1]) Die Analogie aller bisherigen
Raumargumente legt es nahe, auch hier den 1. Satz als das Thema
des Beweises anzusehen. Wenn wir aber unser Vorurteil, dass Kant
im 2. Teil seiner Beweise die Anschaulichkeit des Raumes und der
Zeit im Gegensatz zur Behauptung ihrer Begrifflichkeit beweist,
zum andern aber unsere bisherigen Resultate im Auge behalten und
so unser Argument ansehen, so werden wir zu einem anderen Resultat kommen. Der 2. Satz lautet: „Ein allgemeiner Begriff vom Raum
(der sowohl einem Fusse, als einer Elle gemein ist) kann in Ansehung der Grösse nichts bestimmen.“ Das will heissen, dass ein
Begriff vom Raum eine Grösse unter seinen Merkmalen nicht haben
kann, weil er sonst Räume von verschiedener Grösse (z. B. von einem
Fuss oder einer Elle) nicht unter sich haben könnte. Nun sagt
aber doch der 1. Satz, dass der Raum unendlich sei; also enthält
er doch eine (wenngleich nur negative) Grössenbestimmung. Deshalb
kann er auch kein Begriff sein. Diese schwebende Folgerung wird
im 3. Satz durch die positive Behauptung der Anschaulichkeit des
Raumes thatsächlich gezogen und die Möglichkeit der Unendlichkeit
des Raumes damit positive erklärt. Nur weil der Raum (nicht Begriff, sondern) Anschauung ist, in dieser aber ein Fortgang in die
Grenzenlosigkeit möglich ist, so kann der Raum als unendlich vorgestellt werden, was bei seiner Begrifflichkeit nicht möglich ist.
Der Beweis ist also ein doppelter: 1. ein negativer: als Begriff
kann der Raum nicht als unendlich gedacht werden; 2. ein positiver:
als Anschauung kann der Raum als unendlich vorgestellt werden.
Somit haben wir hier abermals einen Beweis für die Anschaulichkeit
des Raumes, wie im 3. Raumargument, nur dass sie dort so bewiesen
wird, dass vom Begriff Eigenschaften aufgewiesen werden, die der
Raum nicht hat, während hier nachgewiesen wird, dass der Raum
eine Eigentümlichkeit besitzt, die einmal der Begriff nicht hat, zum
andern die Anschauung aber besitzt. Diese Eigentümlichkeit ist

---

[1]) Der Raum als „unendliche Grösse gegeben“ oder nach der 2. Auflage
als „unendliche gegebene Grösse“ bildet eine crux interpretum. Vgl. Vaih. II.
S. 253—261.

die Unendlichkeit. Also ist die Unendlichkeit des Raumes nicht Beweisziel, sondern Beweisgrund dieses Arguments.

Wenn man das soeben behandelte Raumargument mit dem 5. Zeitargument nach der 1. Auflage vergleicht, so wird man bemerken, dass sie von einander verschieden sind und so einander nicht entsprechen können. Im Zeitargument wird die Anschaulichkeit der Zeit daraus gefolgert, dass ihre Teile vor ihr nicht vorhergehen, weil sie als Einschränkungen in ihr enthalten sind. Da die Unendlichkeit der Zeit eben nichts weiter bedeutet, als diese Einschränkungsnatur der Zeitteile, diese aber schon für sich zum Beweis ausreicht, so dient sie hier höchstens als Einführung eines Beweises, der auch ohne diese Einführung stichhaltig ist.[1]) Dem gegenüber ist die Unendlichkeit im 5. Raumargument (nach A) wesentlicher Beweisgrund, ohne den das Argument nicht gedacht werden kann. Wenn nun die Erklärung des 5. Zeitarguments (nach A), wonach die Erwähnung der Unendlichkeit der Zeit bloss eine wohl entbehrliche Einführung des Arguments ist, richtig ist, so kann diese Einführung nicht anders erklärt werden, als damit, dass Kant auf diese Weise die Symmetrie der Beweise herstellen wollte. Wir hätten damit einen triftigen Grund für die Annahme gewonnen, die unseren Ausführungen zu Grunde liegt, dass Kant eine Symmetrie der Teile in der Anlage der 2 Abschnitte seiner transscendentalen Aesthetic angestrebt hat. Aus diesem Grunde hätte er dann auch an unserer Stelle die bloss ihrer Lage, aber nicht ihrem Inhalt nach sich entsprechenden Argumente auch formell als sich entsprechend erscheinen lassen wollen.

b) die 2. Auflage liess von dem ganzen letzten Raumargument der 1. Auflage bloss den 1. Satz stehen. Das Uebrige wurde geändert. Nun ist es eine Frage, ob diese Aenderung auch den Inhalt berührt hat. Zu dem Ende müssen wir zuerst das Argument selbst analysieren und dann mit dem der 1. Auflage vergleichen.

Nachdem dieses Argument eine Abänderung des vorhin behandelten Arguments ist, so werden wir nicht fehlgehen, wenn wir den 1. Satz, der aus der 1. Auflage unverändert stehen geblieben ist, auch hier nicht als Thema des Beweises betrachten, sondern

---

[1]) Vaihinger sagt in seinem Comm. II. Bd. S. 375: „Die Behauptung der Unendlichkeit der Zeit ... könnte auch eigentlich weggeblieben sein. Der Kern des Syllogismus bliebe doch intakt;" sieht aber in ihr doch „eine Art Nebenprodukt der Diskussion."

vorläufig auf sich beruhen lassen[1]) und gleich zum 2. Satz übergehen. Derselbe sagt ebenso wie der zweite Satz des letzten Raumarguments in der 1. Auflage etwas über das Wesen des Begriffes aus.[2]) Der Begriff ist in allen den Einzelvorstellungen enthalten, die in seinen Umfang gehören; aber die Einzelvorstellungen sind nicht in dem Begriff enthalten. Der Begriff hat seine Einzelvorstellungen nicht in sich, sondern unter sich. Nun enthält aber der Raum die Teilräume nicht als Merkmale unter sich, sondern er hat sie, als seine Teile in sich, so gross oder so klein (bis ins Unendliche) dieselben auch sein mögen. Also kann der Raum — und dies ist die Schlussfolgerung im letzten Satze — kein Begriff sein, er ist vielmehr eine Anschauung und zwar — wie auch hier aus den ersten 2 Argumenten ergänzt wird — eine Anschauung apriori.

Wenn wir zu diesem Beweisverfahren den bis jetzt unerörtert gelassenen 1. Satz in Beziehung setzen wollen, so wird sich zeigen, dass er des Inhalts willen kaum stehen geblieben ist. Denn wir haben in unserer Analyse des Beweises kein Glied vermisst, das inhaltlich diesem Satz gleichkäme. Der 2. Satz ergab sich als Hauptsatz, dem sich der dritte als Untersatz unterordnete, während der 4. Satz die Schlussfolgerung aus beiden darstellte. Vaihinger[3]) fasst den 1. Satz hier — wie im 5. Raumargument der 1. Auflage — als Beweisgrund auf, nur dass hier eine intensive Unendlichkeit, d. h. eine Unendlichkeit der Teile des Raumes nach innen gemeint sein soll, während im 5. Raumargument (A) die Unendlichkeit des Raumes eine Unendlichkeit der Grösse nach aussen, eine extensive Unendlichkeit ist. Wir meinen, dass die unendliche Zahl der Teile in unserem Argument irrelevant ist. Nicht darauf kommt es an, ob der Raum unendlich viele Teile in sich hat, während der Begriff vielleicht nicht so viele unter sich hat, denn thatsächlich sagt Kant auch von diesem, dass er „eine unendliche Menge von Vorstellungen . . . unter sich enthält"; sondern das ist der springende Punkt, dass der

---

[1]) Da seit 1787, dem Jahre der 2. Auflage, die Erklärer Kants das letzte Raumargument der 1. Auflage gewöhnlich nicht in Betracht gezogen haben, so kommen sie hier zum ersten Male zu einem Raumargument, dessen 1. Satz das Thema nicht enthält. Dies war wohl der Anlass, dass viele die Unendlichkeit für das Beweisziel unseres Arguments gehalten haben. So z. B. K. Fischer und Ueberweg (Grundriss III. Bd. 1. Abt. 8. Aufl. S. 281). Seine Polemik wenigstens richtet sich nur gegen die Unendlichkeit, obwohl im Text das „in sich" unterstrichen ist, als Beweisgrund.

[2]) Vgl. hierzu Kants Logik § 7. 8.

[3]) Commentar II. Bd. S. 253.

Raum seine Teile in sich, der Begriff aber unter sich enthält.
Also auf die intensive Unendlichkeit des Raumes stützt sich keineswegs der Beweis. Deshalb kann dieselbe auch nicht des Beweises,
d. h. des Inhalts halber, sondern nur der scheinbaren symmetrischen
Anlage zu lieb stehen geblieben sein; ein neuer Beweis dafür, wie
sehr im Sinne Kants eine solche als Ideal der Anlage angenommen
werden kann. Wenn der Beweis ein anderer geworden ist,[1]) so
hätte der 1. Satz, der mit dem neuen Beweis in keine innerliche
Beziehung gesetzt werden kann, auch fallen müssen.[2])

Wenn der 1. Satz mit dem Beweis inhaltlich gar nicht zusammenhängt, dann fällt auch die Möglichkeit, dass dieser Beweis
dem 5. Zeitargument nach A entsprechen könnte, dahin, weil die
Zusammenstimmung des Anfangs der Beweise in beiden Fällen eine
bloss äusserliche ist, die sich auf den Fortgang und den Inhalt der
Beweise nicht erstreckt. Somit sind die zwei letzten Raumargumente
(in der 1. und in der 2. Auflage) sowohl unter sich verschieden, als
auch einzeln dem 5. Zeitargument nach A inhaltlich nicht entsprechend. Sie dürfen als selbständige Beweise gelten und könnten
als solche auch auf die Zeit ausgedehnt werden.

c) Schliesslich bleibt noch das 5. Zeitargument der 2. Auflage
zu untersuchen. Dasselbe ist mit dem 5. Zeitargument der 1. Auflage
völlig identisch bis auf die eingeklammerten Worte im letzten Satze:
„denn die enthalten nur Teilvorstellungen“, welche für „denn da

---

[1]) Nach B. Erdmann (Kants Reflex. II. S. 110) ist das „4. Argument der
2. Auflage . . . an die Stelle des schwerfällig formulierten 5. Arguments der 1.
Bearbeitung“ getreten und hat (nach „Kants Kritizismus etc.“ S. 147) da eine
schärfere Fassung erhalten. Cohen behauptet S. 126, dass „auch in der 1. Ausgabe derselbe Gedanke nur schwerer und dunkler ausgedrückt werde.“ Beide
sagen also zu wenig, denn die zwei Beweise sind ganz verschieden.

[2]) Aus diesem Umstande ist es auch zu erklären, wie Cohen a. a. O. S. 125,
der hier beim 4. Raumargument der 2. Auflage die Schwierigkeit des Raumes
als einer unendlichen gegebenen Grösse behandelt und diesen Satz mit den
übrigen Teilen des Arguments in Zusammenhang setzen will, zu einer so unmöglichen Lösung der Schwierigkeit und zu einer ganz ausgeschlossenen Erklärung
des Arguments kommen konnte. Cohen meint nämlich, das 4. Raumargument
der 2. Auflage dürfe „nicht als ein besonderer Satz, sondern nur als eine Bestätigung des dritten angesehen“ werden. Um auf diese Lösung zu kommen,
konstruiert er den Einwurf: wenn die vielen Räume, von denen man spricht,
nur Raumteile sind, so fragt es sich, ob diesen Einteilungen nicht objektive
Teile entsprechen und wenn der Raum eine einige Anschauung ist, korrespondiert
dieser keine unendliche Räumlichkeit? „Nein“ antwortet der vierte Satz auf die
Fragestellung des 1. Satzes. Diese Antwort begründet dann der übrige Teil des
Arguments.

gehen die Teilvorstellungen vorher" eingesetzt wurden. Das Beweisverfahren ist bis zum Nachweis der Uneingeschränktheit und Einigkeit des Raumes dasselbe geblieben. Weil die verschiedenen Zeiten nur Einschränkungen der einigen Zeit sind, so sind sie nicht vor der einigen Zeit, sondern dieselbe liegt ihnen zu Grunde. Dies war der weitere Schritt im 5. Zeitargument nach A, der dann — da beim Begriff die Teilvorstellungen vorhergehen — auf die Anschaulichkeit der Zeit schliessen liess. Diese Vermittelung zwischen der Eigentümlichkeit der Zeitteile und der Anschaulichkeit der Zeit ist eine andere geworden. Nicht die mit der Einschränkungsnatur der Zeitteile gegebene Posteriorität der Zeitteile im Gegensatz zur Priorität der Begriffsmerkmale vor dem Begriff beweist die Anschaulichkeit der Zeit, sondern eine solche Eigentümlichkeit der Zeitteile, die zu der der Begriffsmerkmale, wie sie in den Klammern ausgedrückt sind, im Gegensatz steht. Da ist gesagt, dass die Begriffe „nur Teilvorstellungen enthalten." Also wird die Anschauung, speziell die Zeit „nicht nur Teilvorstellungen enthalten." sondern jedenfalls etwas mehr. Dasjenige aber, das mehr als nur Teilvorstellung ist, ist entweder eine ganze Vorstellung im Gegensatz zur Teilvorstellung, oder ein Teil im Gegensatz zur Teilvorstellung. Welchen der beiden Gegensätze man auch immer wähle,[1]) beidemale erhält man im wesentlichen den Gegensatz, dass in der Anschauung die Teile konkreter, der Wirklichkeit näher stehend, ja mit ihr identisch sind, während die Merkmale des Begriffs immer etwas mehr erblasstes, abstraktes und so in der Wirklichkeit nicht vorhandenes sind. Kann aber dieser Gedanke noch als Vermittlung dienen zwischen der Einschränkungsnatur der Zeitteile und der Anschaulichkeit der Zeit? Nach der einen Seite hin wohl! Daraus, dass die Zeitteile konkrete Wirklichkeiten sind, während die Merkmale des Begriffs abstrakte Vorstellungen sind, liesse sich die Anschaulichkeit der Zeit schon folgern. Aber nach der anderen Seite versagt die Vermittelung, weil daraus, dass die Zeitteile nur Einschränkungen der allgemeinen Zeit sind, sich nicht ebenso klar folgern lässt, dass die Zeitteile konkrete Wirklichkeiten sind, als dies, dass sie der allgemeinen Zeit vorhergehen. Damit ist aber gesagt, dass die Veränderung der 2. Auflage zum stehengebliebenen Teil des Arguments nicht mehr passt. So stellt sich diese Veränderung als eine solche Verschlechterung des Arguments dar, die das

---

[1]) Vaihinger wählt II. Bd. S. 3.0 den 2. Fall, aber ohne Erwägung der doppelten Möglichkeit der Gegensätze.

ganze Argument unverständlich macht. Dagegen lässt sich in dem Fall, dass sich die konkrete Wirklichkeit der Zeitteile unmittelbar behaupten lässt, die Aenderung als selbständiges Argument aufrecht erhalten, das dann ganz natürlich auch auf den Raum ausgedehnt werden könnte.

Den Grund dieser schlimmen Veränderung scheint mir die Annahme Vaihingers am besten an die Hand zu geben. Derselbe meint,[1] Kant habe bei der Ausarbeitung der 2. Auflage, nachdem er das letzte Raumargument verändert hatte, auch das 5. Zeitargument noch flüchtig durchgelesen und sei darauf aufmerksam geworden, dass es dem nunmehr veränderten Raumargument gar nicht mehr entspricht. Um die Symmetrie wieder herzustellen, machte er es durch diese Modifikation dem Raumargument wenigstens scheinbar wieder gleich. Dazu schien ihm zu genügen, das Verbum „vorhergehen" in „enthalten" umzuändern. Dabei liess er aber „Teilvorstellungen" stehen, statt dasselbe in „Vorstellungen unter sich" zu verwandeln. Dadurch ist der Inhalt des letzten Zeitarguments wohl auch ein anderer, aber dem des letzten Raumarguments nicht gleich geworden. Es wurde vielmehr ein ganz neues Argument daraus.

Freilich hat bei dieser ganzen Veränderung des letzten Zeitarguments Kant vergessen, dass dasselbe auch eigentlich gar nicht dem letzten Raumargument, sondern dem 2. Teil des vorletzten Raumarguments entsprechen sollte und so musste, indem er es dem letzten Raumargument entsprechend machen wollte, durch die Veränderung eine solche Verschlechterung des Arguments herauskommen, wie sie das 5. Zeitargument der 2. Auflage bietet. Dies ist ein neues schlagendes Beispiel, wie mächtig der Gedanke der Symmetrie die Systematik Kants beherrschte. Um eine anfangs nicht dagewesene Symmetrie in der Anlage seinem Plan gemäss herzustellen, verschlechtert er das letzte Zeitargument derart, dass es unverständlich wird. Es lässt sich daraus der Beweis führen, dass Kant die Aufzählung und Anordnung der Raum- und Zeitargumente als einander entsprechend geplant hatte.

Dies scheint uns als das Ideal Kants für die Anlage fest zu stehen. Wenn man nun die thatsächliche Form der Anlage mit diesem Ideal vergleicht, wie dies im Laufe unserer ganzen bisherigen Untersuchung geschehen ist, so wird man urteilen dürfen, dass Kant dieses Ideal der Symmetrie in der Anlage keineswegs erreicht und

---

[1] A. a. O. S. 380 f.

verwirklicht hat. Den Parallelismus der Raum- und Zeitargumente aufrecht zu erhalten, ist ihm nur zum Teil, aber nicht vollkommen gelungen. Gelungen ist ihm dies nur zwischen dem 1. Raum- und dem 1. Zeitargument; dann teilweise zwischen dem 2. Raum- und dem 2. Zeitargument. Aber schon dem 3. Raumargument entspricht nicht nur das 4. Zeitargument, sondern auch das 5. Zeitargument der 1. Auflage; das 4. Raumargument der 1. Auflage steht vereinzelt ohne entsprechendes Zeitargument da. Auch in der 2. Auflage gelang es Kant nicht, das letzte Raum- und das letzte Zeitargument mit einander in Parallele zu stellen; es entstanden vielmehr durch die Veränderungen noch 2 neue Beweise zu den übrigen. Demnach wäre die Anzahl der Beweise für die Apriorität und Anschaulichkeit von Raum und Zeit folgende:

1. 1. Raumargument und 1. Zeitargument.
2. 2. Raumargument und 2. Zeitargument.[1])
3. 3. Raumargument (1. Auflage) a und 4. Zeitargument.
4. 3. Raumargument (1. Auflage) b und 5. Zeitargument A.
5. 5. Raumargument A.
6. 4. Raumargument B.
7. 5. Zeitargument B.

Dieses Resultat bestätigt das Urteil, dass die Parallelisierung der Raum- und Zeitargumente misslungen ist. Und dieses Misslingen bringt auch in die Anlage eine Verwirrung. Einmal entsteht dadurch ein Missverhältnis zwischen dem als symmetrisch gedachten 1. und 2. Abschnitt der metaphysischen Erörterung weil nicht jedem Raumargument ein Zeitargument entspricht (ganz abgesehen von den fehlenden entsprechenden Teilen innerhalb der sonst entsprechenden Argumente) und umgekehrt. Vielmehr sehen wir, dass die Zahl der Raumargumente grösser ist, als die der Zeitargumente (6 : 5). Dann entsteht dadurch auch zwischen dem 1. und 2. Teil der metaphysischen Erörterung, also in der Anlage der metaphysischen Erörterung nach dem Längendurchschnitt ein Missverhältnis. Nach dem Ideal der Anlage sollte die metaphysische Erörterung in zwei gleiche Hälften eingeteilt werden, deren erste den Raum und die Zeit als Vorstellungen apriori nachzuweisen hat, während die zweite die Anschaulichkeit von Raum und Zeit beweisen soll. Dafür ist

---

[1]) Der Beweis aus der objektiven Notwendigkeit ist nicht als selbständiger Beweis anzusehen; sonst ergäbe sich eine grössere Anzahl von Argumenten. Ebenso ist auch der Beweis aus der Apodiktizität der Mathematik bei Seite zu lassen.

der 2. Teil viel grösser geworden als der erste. Jener zählt im ganzen 7 Argumente, dieser dagegen bloss vier. Oder wenn man bedenkt, dass die vereinzelten Argumente, sowohl auf der Seite der Raum-, als auch auf der der Zeitargumente, auch auf die andere Seite hätten ausgedehnt werden können, so erhält man zwischen dem 1. und 2. Teil der metaphysischen Erörterung das genauere Verhältnis von 2 : 5, statt des geplanten von 2 : 2.

Kant hat also eine Kombination von 2 symmetrischen Systemen geplant, die aber völlig misslungen 'ist, da in beiden Systemen der Schwerpunkt nach einer Seite hin verrückt wurde. Graphisch könnte die angestrebte Kombination durch ein Quadrat dargestellt werden, das durch zwei auf einander senkrecht stehende Symmetralachsen in 4 der Form und dem Inhalt nach gleiche (kongruente) Teile geteilt würde. Die thatsächliche Verwirklichung des Ideals der Anlage wäre demgegenüber durch ein Quadrat darzustellen, das durch zwei aufeinander ebenfalls senkrecht stehende, aber nicht als Symmetralaxen geltende Linien in 4 nach Form und Inhalt ungleiche Felder geteilt wird.

Wenn wir auf den Inhalt der metaphysischen Erörterung zurückblicken, so können wir als Resultat derselben feststellen, dass Kant darin nur das beweisen wollte, dass Raum und Zeit Anschauungen apriori sind. Und zwar thut er dies in 2 Teilen: 1. beweist er, dass beide Vorstellungen apriorisch sind und 2., dass Raum und Zeit Anschauungen sind. Eine Zusammenfassung der Resultate beider Teile zu dem Gesamtresultat, dass Raum und Zeit Anschauungen apriori sind, umgeht Kant dadurch, dass er das Resultat der Apriorität aus dem 1. Teil der Argumente rekapituliert und im 2. Teil zu dem Resultat der Anschaulichkeit hinzufügt und so statt des blossen Teilresultats gleich des Gesamtresultat aufweist. Formell ist dies Vorgehen nicht richtig, da bei dem Nachweis der Anschaulichkeit dadurch der Schein entsteht, als wolle das betreffende Argument nicht nur die Anschaulichkeit, sondern zugleich auch die Apriorität von Raum und Zeit nachweisen, was freilich blosser Schein wäre. Inhaltlich ist nichts dagegen einzuwenden. Kant zieht damit nicht erst später zu Beweisendes herbei und setzt nicht Unerwiesenes voraus, sondern rekapituliert bloss eben kurz vorher Bewiesenes. Jedenfalls wäre es aber gut gewesen, wenn er dies auch mit einigen Worten angedeutet hätte.

Lebenslauf.

Ich, Georg Daxer, evangelisch-lutherischer Religion, wurde am 20. Mai 1871, als Sohn des Zimmermanns Georg Daxer und seiner Ehegattin Magdalena geb. Fuchs in Pancsova (Süd-Ungarn) geboren. Meinen Volksschulunterricht erhielt ich an der deutschen Kommunalschule, die Gymnasialstudien absolvierte ich am Staats-Obergymnasium meiner Vaterstadt. Im Herbst 1891 bezog ich die theologische Akademie der ungarländischen evangelischen Gesamtkirche A. B. in Pressburg. Nach sechs Semestern bezog ich im Herbst 1894 die Universität Erlangen, im Wintersemester 1895/6 die Universität Leipzig und im Sommer 1896 kehrte ich wieder nach Erlangen zurück, wo ich am 21. Juli 1896 promovierte. In Pressburg war es der Professor St. Schneller, dem ich die Einführung in das philosophische Studium verdanke. In Erlangen waren meine Lehrer: die Professoren DDr. Class und Falckenberg in den philosophischen Fächern und DDr. Zahn, Seeberg, Köhler, Caspari, Lic. Müller und der Dozent Lic. Dr. Sellin in der Theologie. In Leipzig hörte ich bei den Professoren DDr. Volkelt und Wundt Vorlesungen. Ihnen allen bin ich für die vielfache wissenschaftliche Anregung zu innigem Dank verpflichtet.